下級武士の田舎暮らし日記

奉公・金策・獣害対策

文倉 清＋文倉紀代美［著］

築地書館

はじめに

本書は、『二縦亭《にしょうてい》見聞録』（以下『見聞録』という）の現代語訳とその解説からなっています。『見聞録』は仙台藩士矢嶋喜太夫が享保元年（一七一六）から宝暦七年（一七五七）まで四二年間書き溜めた記録です。彼は元禄元年（一六八八）桃生郡深谷須江村（現・宮城県石巻市須江字瓦山《かわらやま》）に生まれ、宝暦八年（一七五八）数え年七一歳で亡くなるまで、生涯須江村に暮らしました。

喜太夫は下級武士でしたが、矢嶋家は慶安五年（一六五二）須江村に入植した開発地主でもありましたから、広大な屋敷地（およそ一〇万坪）を所持し、知行一貫八八文（一〇石八斗八升）と切米五両、扶持方四人分を支給されていました。さらに藩有林一万八〇〇坪の管理も任され、その副産物（下草と枝木など）も取得していました。

江戸時代、武士も百姓、町人も米価の乱高下に悩まされますが、喜太夫は現物（玄米）収入と現金収入の両方がありましたから、生活は比較的安定していたようです。また桃生郡深谷地域は新田開発による森林減少のため燃料（薪）不足が深刻でしたので、広大な屋敷林で木材を生産し、預かった藩有林

（御林）から出る枝木を取得する矢嶋家は、木材や薪でもかなりの収入を得ていました。下級武士で知行高が少ないにもかかわらず、例外的にゆとりある生活をしていました。

矢嶋家屋敷内には当時およそ二〇人が暮らしていました。そのうち喜太夫の家族は喜太夫と妻、息子、娘の四人でした。そのほかは家中（矢嶋家の家来）と呼ばれる武士身分の者とその家族、宿守《やどもり》等と呼ばれる奉公人とその家族などでした。彼らは矢嶋家の人別帳《にんべつちょう》に登録され矢嶋家の管理下で生活しました。村人は村の人別帳によって村肝入（庄屋・名主に相当する村役人で身分は百姓）の管理下におかれましたが、喜太夫は武士身分ですから村の人別帳には登録されません。矢嶋家の家中や奉公人たちも矢嶋家の管理下にあることから、全員が村肝入の管理から外されていました。

『見聞録』から矢嶋家の仕事が三つあったことがわかります。

一つは農業経営です。知行一貫八八文の田畑を耕作する仕事です。標準的な農家一軒分の経営規模ですが、丘陵地のため猪の食害に悩まされます。『見聞録』にはその対応に苦労する給人（給地を与えられた藩士）たちの様子が詳細に記録されています。また洪水に関する記録にも注目です。北上川氾濫の時間的経過や災害復興に関する記録、その年の小割帳（課税通知）などは、災害史の上でも村政史の上でも大変貴重です。関連して米相場の記録が出てきますが、なぜそのタイミングで米価を記録したのか、当時の農業経営者の気持ちになって考えてみたいところです。喜太夫は農業経営に関するこのような記録をたくさん残しましたが、喜太夫自身が農作業に直接携わった記録はありません。農作業は家中や奉公人に任せていたようです。

二つ目は山林経営です。屋敷地約一〇万坪の大半は杉林で、一部に樅《もみ》の木が植えてありました。藩有林一万八〇〇坪も杉林でした。『見聞録』には藩有林から公共工事用に御用木として切り出したときの記録が大量に残されています。山林の管理は、家中の加藤氏が担当していました。喜太夫は、自宅の修繕費用や子ども二人の結婚費用を屋敷林の杉を売却してまかなっています。

三つ目は御鳥見《おとりみ》横目です。御鳥見御用とも呼びました。留野（狩猟禁止区域）を数日おきに巡回して鷹狩の獲物となる白鳥、鶴、鴨《かも》、雁《がん》などの水鳥を保護する役目ですが、藩主伊達《だて》吉村の狩の案内役が最大の任務でした。喜太夫は享保五年（一七二〇）数え年三三歳で御鳥見横目に就任し、延享二年（一七四五）まで二六年間つとめました。狩は、稲の収穫が終わる秋口から苗代作りが始まる春先までがそのシーズンです。喜太夫は、御鳥見横目の職務上、いつ（日にち・時間）、どこで（場所）、何を（鳥の種類）、何羽獲ったか詳細に記録しています。彼は、何度も狩の案内役をつとめるうちに藩主から親しく声を掛けてもらうようになります。『見聞録』には、藩主と直接会話した場面がまるで芝居の台本のように生き生きと記録されています。

『見聞録』には右の内容のほかに、幕府の法令、藩からの御触《おふれ》、江戸のうわさ話などが含まれています。御鳥見横目という藩の職制上、それらの情報に接することができたものと考えられます。江戸の情報が、仙台藩江戸上屋敷から仙台を経由して須江村の喜太夫に届くまでおよそ二ヶ月。喜太夫は大変に筆まめだったようで、武家諸法度のような長文でも、江戸の大火のような自分とはあまり関わりのなさそうな出来事でも、目にした情報はつぶさに書き留めています。本書で紹介するのは、その一割程度です。

須江村についても概観しておきましょう（『風土記御用書上』一七七六）。村高は約二〇八〇石。そのうち蔵入地（藩の直轄地）が約六二〇石、給地（藩士に与えられた土地）が約一四六〇石。給地が七〇

%を占めます。矢嶋家の一〇石も給地です。

村の人別帳に登録された家数は一〇九軒で、その内訳は本百姓七五軒、水呑二八軒、借家六軒です。その人口は四七五人。水呑や借家と呼ばれる本百姓に隷属した家族が多いことに注目です。また一軒当たりの人数が平均四・三人ですが、矢嶋家も四人家族です。村が完全に核家族化、少子化しています。仙台藩の人口が停滞から減少に向かう時代でした。武士身分の人口統計はないので、明確な数字をあげることはできませんが、給地が七割を占めることから推測して、給人とその家中、奉公人などが五〇〇人以上は住んでいたと思われます。つまり村の中に武士と百姓がおよそ半々に住んでいたとイメージして間違いないと思います。

村の地形的な特徴は丘陵地（須江山、大和田山、欠山）が村の中心を占めることです。丘陵地の大半は屋敷地や畑地、山林として利用され、沢沿いに水田が開けていました。その丘陵地に猪が繁殖し、給人も百姓も猪の食害に大変悩まされました。

仙台藩の行政機構についても見ておきたいと思います。

行政機構は大きく二系統に分かれます。若年寄担当の文武一般行政と、出入司《しゅつにゅうつかさ》担当の財用方行政です。御鳥見横目の職務は、若年寄配下の鷹匠頭、小姓組番頭などの担当です。一方、村政（年貢、猪対策、洪水対応、山林管理、村の治安など）に関わることは、出入司配下の郡《こおり》奉行の担当です。郡奉行は、郡内に置かれた代官所を通じて村々を支配しました。桃生郡深谷地区の代官所は、須江村の西隣、広渕村に置かれていました。

筆者は長年、生まれ故郷（桃生郡前谷地村）の歴史を農業に従事した百姓や給人家中の視点から描いてみたいと考えてきました。彼らによって歴史が動いたと考えるからです。

桃生郡深谷の村々は江戸時代初期、百姓や給人（矢嶋喜太夫の先祖もそのひとり）、給人家中（私どもの先祖もそのひとり）が一鍬一鍬開墾して成立しました。ところが『宮城県史』や『石巻市史』などでは例外なく、藩の意向だけで新田開発が推進したように説明しています。郷土史だけではありません。日本史でも「吉宗は二九年間の将軍在職のあいだ、諸政策を実行して幕政の改革に取り組んだ」（『詳説日本史』山川出版社）と、為政者側から叙述しています。

為政者が発布する一篇の法令によって社会が動くものなのでしょうか。『見聞録』には幕府法令や仙台藩の触書がたくさん出てきますが、たとえば「物価引下げ令」によって物価は下がったでしょうか。『見聞録』に猪防ぎの話が登場します。猪を鉄砲で討ち止めるしかないと藩に認めさせたのは百姓身分の者たちでした。代官や在地の武士層は古格古例を尊重するあまり、現状を変革する発想を持つことができなかったのです。直接農業に携わる者たちの方が現状を正しく認識し、その解決策を示すことができたのです。

『見聞録』を書いた矢嶋喜太夫は下級とはいえ伊達家直臣ですから武士として強烈なプライドを持っていました。彼は下から目線で記録を残したわけではありません。しかしそのことも含めて村の実態を知る貴重な史料であることに変わりはありません。

『見聞録』は『天』『地』『人』の三冊からなっていたと思われますが、『地』は行方不明です。『天』は一七一六年から一七三五年まで、『人』は一七四三年から一七五七年までの記録が収められています。

一七三五年から一七四三年までおよそ八年分の記録が失われています。

本書では、『見聞録』の記事を原文に従い年代順に配列しました。テーマが飛び飛びになる欠点はありますが、『見聞録』は矢嶋喜太夫の一代記でもありますので、テーマごとにくることはしませんでした。

コラムとして登場人物や時代背景がわかる情報を適宜付け加えました。

文字は原則として新仮名、新漢字を用いました。原文の解読不能の文字は□（空欄）にしました。解読に自信のない文字には右脇にカ（例：権《カ》）をつけました。

目次

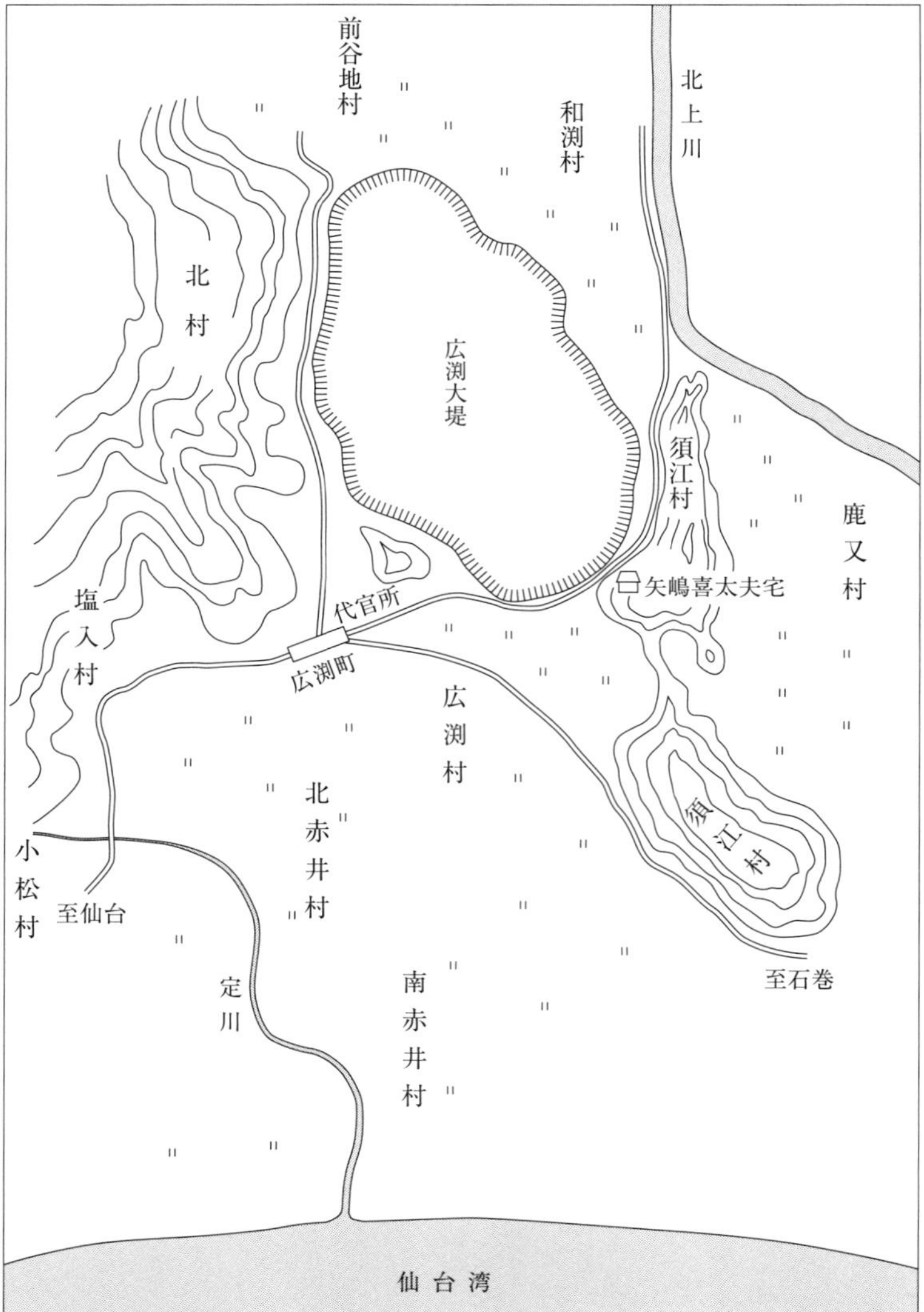

須江村付近地図（1750年頃）

享保元年（一七一六）

小鳥・落鳥といえども捕るべからず

一　桃生郡深谷広渕村・塩入村・大窪村・小松村・北赤井村・南赤井村・須江村の七ヶ村はこれまでも留野（狩猟禁止区域）でしたが、このたび御留野場奉行衆よりさらに厳しく命じられて、その趣《おもむき》を承知したところです。

「矢嶋喜太夫家中の者どもに、小鳥といえども絶対に捕獲しないように厳しく命じなさい。落鳥などを見つけたならば当村肝入方へ届け出るようにさせなさい」

享保元年一〇月一二日　矢嶋喜太夫家中

永倉六左衛門様　加藤与五郎

笹原吉助様

加藤与五郎は矢嶋喜太夫の家中（家臣・家来）である。彼が矢嶋家家中を代表して、藩からの御触を承知した旨、永倉六左衛門と笹原吉助に回答した文書。永倉と笹原は地元在住の武士（給人）で、須江村の御鳥見役である。本書の主人公、矢嶋喜太夫は後に御鳥見役として活躍する人物であるが、このときは数え年二九歳でまだ御鳥見役ではない。

鳥の狩猟を禁止した理由は明らかでないが、このような禁令が出されたのは、裏を返せば百姓や給人家中が狩猟していたことを物語る。霞網《かすみあみ》や鳥もち、鉄砲などで鳥を捕獲し、食用にしていたと思われる。注目すべきは、落鳥などを見つけたならば村肝入に届けなさい、という命令である。村肝入は村政の責任者ではあるが、百姓身分なので給人より身分的には下位のはずである。にもかかわらず村肝入が給人を含め村全体の秩序を管理していたことがわかる。

なお、この年八月徳川吉宗が八代将軍に就任し、早速綱吉以来中断されていた鷹狩を再開した。翌年正月、仙台藩主伊達吉村も将軍に倣って狩を始めた。

享保二年（一七一七）

屋形様の狩

一　享保二年正月二三日、屋形様（藩主）、仙台出発。松山を経由して涌谷にお泊まりになり、それより佐沼を経て登米に二九日到着。和渕村武田左太郎の屋敷に二泊。二月朔日《ついたち》、前谷地にて鉄砲で狩をした後、朝五つ時（午前八時頃）笈入《おいれ》大まかどより船乗り深沼にて鉄砲で鴨を一羽仕留めました。柏木樋頭に着船、上陸。新田堤で白鳥二羽、広渕町脇にて鷹狩。真雁二羽仕留める。菅沼にて□羽。小関惣五郎の屋敷で昼食。それより矢本、小野、□竹谷を経て、中村にお泊まり。二月三日帰城。

屋形様は五代藩主伊達吉村。仙台藩は、関東以北最大の藩であることなどから、幕府（徳川氏）との臣従関係が緊密であった。仙台藩主は徳川氏の擬制的親族として代々松平の姓と陸奥守《むつのかみ》の官職を与えられた。さらに、藩主の嫡子が成人に達し幼名を改めるとき、「一字拝領」といって将軍の名の一字をしばしば与えられた。五代藩主吉村も将軍綱吉の「吉」の一字を拝領したのである。

この記録から、吉村が将軍吉宗に倣い狩を始めたことがわかる。狩では鉄砲と鷹を用いたようである。もちろん弓も用いたであろう。獲物は鴨、白鳥、真雁など、すべて水鳥である。

記述の粗さから判断するに、矢嶋喜太夫は、この狩には同行していないと思われる。伝聞による記録であろう。

【コラム】伊達吉村

伊達吉村（一六八〇～一七五二）仙台藩五代藩主。矢嶋喜太夫より八歳年長。藩主在職期間四〇年（一七〇三～四三）。就任時点で破綻状態にあった藩財政を立て直したことから仙台藩「中興の英主」と呼ばれる。

思慮深く理詰めでものを考える性格で、かつ、政治に対する取り組みも人並み以上に優れていたと評される。『見聞録』に吉村の狩の記録がたくさん残されているが、吉村が単に狩が好きだったということではないだろう。狩は藩権力の示威行動であり、在地の給人たちと交流を深める機会でもあった。頻繁に実施された狩は、藩政改革とりわけ領内総検地の根回しだったと思われる。

吉村は和歌、書画など芸術面にも優れた才能を示した。大和絵を習得し、専門絵師でもあまり描かない自画像すら手がけるほどの画力を示した。矢嶋喜太夫も吉村直筆の掛け軸を拝領している。

権現森、山追

一　享保二年二月一九日登仙（仙台に登る）。権現森御山追《ごんげんもりおやまおい》（狩）に参加しました。山追の勢子《せこ》は、奉行頭一人につき一〇〇人（内、旗本五人、御徒目付一人、御足軽二人）。東一番より一八番まで、西一番より一八番まで。御山奉行は津田民部。狩の獲物は、猪五、鹿一三、兎一、以上一九でした。我らもお供をして狩の様子を拝見。見物人も含めて約五〇〇〇余人。

権現森は仙台西方の小高い山（標高三一四メートル）。「お供をして拝見」と表現しているが、矢嶋喜太夫も勢子の一人として山追に参加したと思われる。

藩主の狩は一種の軍事演習であり、江戸時代初期にはしばしば行われた。ところが生類憐みの令（一六八七年発令）により狩は中断されていた。それを復活させたのである。軍事演習と呼ぶにふさわしい大規模な「山追」である。一〇〇人一組で三六組、三六〇〇人が山を取り囲み、獲物を藪から追い出して、鉄砲、弓、鷹などで仕留めた。しかし獲物はたったの一九。

矢嶋喜太夫の記述は、自身が参加した割には素っ気ない。期待はずれの成果だったせいであろうか。山追に一〇〇〇人を超える見物人があったというのも、長閑《のどか》なはなしである。軍事演習と力んでみても、平和な時代が長く続き、戦国時代のような緊張感はどこにもない。

このあと、狩は藩主の野外レクリエーションになっていく。

武家諸法度（幕府法令）

一　文武忠孝を励まし礼儀をただすべき事

一　参勤交替の儀、毎歳所定の時節を守るべし、従者の員数繁多に及ぶべからざる事

（中略）

一　萬事江戸の法度に応じ国々所々において遵行《じゅんこう》すべき事

享保二年三月一一日公儀より仰せ出され候事。

この年、八代将軍吉宗は武家諸法度を天和元年の制に戻したといわれているが、天和の制に戻したとすると「文武弓馬の道、専らにあいたしなむべき事」から始まるはずである。なぜ、このような齟齬を来したのか、研究の余地がある。

ともあれ、幕府が各藩に対して江戸の法令（幕府法令）に従うよう求めたことが重要である。『見聞録』には江戸から伝えられた法令がほとんど洩れなく記載されていて、仙台藩でも幕府法令が遵行されたことがわかる。

飯米麦の通行許可証

一　大麦二石を遠田郡涌谷町二郷村で購入し、それを拙者台所の飯米《はんまい》用の麦にしたいと思いますので、

龍ノ口天神崎の石改《こくあらため》御番所の通行許可証を発行してくださいますようお願いします。なお拙者は御知行高一貫八八文、深谷須江村に居住の者ですが、昨年は手作りの麦が不作で、その上深谷内では麦を調達できませんでした。拙者台所の飯米麦が不足して困っておりますので、よろしくお願いします。以上

享保二年二月　　矢嶋喜太夫

木村八兵衛殿

一　矢嶋喜太夫から大麦二石を遠田郡涌谷町にて購入し深谷須江村まで運びたいとの申請がありましたので、涌谷町より須江村までお通しくださいますようお願いします。

運送が終わりましたら、この書付をお返しします。以上

享保二年二月二〇日　　木村八兵衛

御代官衆

御穀改役人衆

仙台藩は、作徳米（年貢米や自家消費米を差し引いて手元に残った米）を強制的に買い付けし、百姓や給人が自由に米を販売することを禁じたとされているが、この記録から米だけでなく大麦も買米制《かいまいせい》の対象だったのではないかと考えられる。

買米制は、仙台藩が藩財政補助を目的に採った政策である。藩は冬場に安い値段で作徳米を買い付けし、それを石巻港から江戸に輸送し高く売りさばき、差益を藩の収入とした。買米制は米麦の自由な売

買を禁じた制度であるが、この記録から売買と同時に移動も厳しく規制したことがわかる。

なお木村八兵衛は代官所の役人と思われる。

預御林、巡見衆宿泊所用材を伐採

一　杉丸太一〇本、六本は周囲一尺八寸（約五五センチ）、四本は周囲一尺三寸（約四〇センチ）
右の通り須江村矢嶋喜太夫御預御林にて伐採して、広渕御巡見衆御宿御殿の用材として運び出しました。

以上

享保二年六月二八日　　矢嶋喜太夫預御山守
弥次平判

富松五郎八郎様

御山横目見届け判あり

一　杉葉六丸《まるき》、但し三尺丸たしかに預かり置きました。これは広渕御巡見衆御宿御殿の用材として伐採した杉の枝木です。以上

享保二年六月二八日　　矢嶋喜太夫預御山守
弥次平判

富松五郎八郎様

預《あずかり》御林は矢嶋家が管理を任された藩有林。そこから杉を一〇本伐り出して、広渕町の代官所に納入した記録である。「広渕御巡見衆御宿」とあり、代官所に巡見衆の宿泊施設が併設されていたことがわかる。杉の枝木や葉は「預かり置」いたとあるが、矢嶋がもらったものなのか、預かっただけなのかはっきりしない。山守《やまもり》の弥次平は矢嶋家の家臣である。富松五郎八郎は藩の役人であろうか。

江戸時代、田畑や屋敷地は検地が行われ個人の所有が認められたが、山林は検地の対象ではなかった。山林を百姓や給人（大身の給人は別にして）が個人所有することは原則的に認められなかった。山林は村や集落単位での共同所有（入会地）ないし藩有林が原則であった。

「杉葉六丸、但し三尺丸」は、長さ三尺の縄を用いて束ねた杉葉の束（マルキ）が六つの意味。「丸（まるく）」は動詞で「まるく結わえる」の意。荒縄などを用いて、草、稲、野菜、枝、薪などを大きく束ねるときに使う。「マルキ」は「まるったもの」を表す名詞である。

【コラム】矢嶋喜太夫預御林

『河南町誌 下』所収の「風土記御用書上」（一七七六）に、左の記載がある。

細田・瓦山御林　南北六丁
東西半丁　此坪数一万八〇〇〇坪

右が矢嶋喜太夫が預かった「御林」である。南北に細長い林だったことがわかる。

喜太夫は、「自分が費用を出して植林し、幹廻りが八、九寸から二尺五、六寸、あるいは三尺までに生長した杉が二二〇〇本ほどございます」と書き上げている。杉一本当たり五坪の土地を要するとすると一万一〇〇〇坪の広さが必要となるが、「風土記御用書上」の坪数とほぼ一致する。しかも、『見聞録』と「風土記御用書上」はほぼ同じ年代に成立しているから、「細田・瓦山御林」が矢嶋家が預かった御林と断定して間違いない。なお、矢嶋喜太夫の父・正吉が作成した絵図面も現存しており、それには、「西北へ作場道までひもの長さ三〇〇間余り、屋敷境より横三〇間余り、此の所お預かりに願い奉り候」とあり、土地の形状、面積とも「風土記御用書上」と一致する。

杉は植林後一〇年ほど毎年夏に下草を刈りとってやらなければならない。杉の苗木より雑草や広葉樹の方が生長が早いからである。また、ツル性の植物に巻き付かれると立ち枯れてしまうので、ツルを払うのも大切な仕事である。杉が大きく生長すると、杉林が薄暗くなり下草が生えなくなる。その頃になったら、下枝を落としたり間伐したりする。

矢嶋家は「これらの作業を自分の費用で行った」と強調しているが、刈り取った「下草」や枝打ちした「枝木」は自動的に矢嶋家のものになったと思われるので、矢嶋家にとって御林を預かることは大きなメリットになったはずである。

『見聞録』の記録は、成木を藩の御用木として伐り出すときの記録である。丸太は藩の施設の普請のために納められる。そのときに出る末木《うらき》（梢）や枝木は矢嶋家で預かり、売却してその代金を役人に納めることもあれば、矢嶋家が貰い受けることもあったようである。しかし、毎年定期的に行う下草刈りや枝打ち、間伐について役人に届け出た記録が見当たらないので、それらの下草や枝木、細木は矢嶋家が取得したと考えられる。

下草は肥料として田畑に鋤《す》き込まれ、枝木、細木は煮炊き用の燃料になった。化学肥料や電気もガスもない時代には、それらは貴重な財産だった。

未検地の知行への課税

一　桃生郡深谷の内に拙者どもは知行を有していますが、家中の中には検地を受けていない知行を代々所持し手作りしている者がいます。右の知行は家中が自分で費用を負担して開発したものです。右の知行に村肝入から割り付けられ次第、蔵入・抱地《かかえち》とも「御買夫《かいぶ》かき増」を負担してきましたが、他郡では免除されているとのことです。郡によって負担が異なるのは納得できませんので、右知行については郡役を免除してくださいますようお願いします。大肝入方に相談に行きましたが、長い間の仕来《しきたり》だから自分の判断で免除することはできないとの御返事でした。同じような問題を抱える給人が大勢いますが、行きがかり上拙者どもが右の通りお願いする次第です。以上

真山仲右衛門　矢野七内

享保二年九月

茂庭勘助　　赤井九十郎
矢嶋喜太夫　　我妻六兵衛
笹原吉助　　丹野八之丞
阿部文五郎　　久保源左衛門
笹原新次郎　　奈良坂兵太夫
高富覚之助

木村八兵衛様

買夫は藩の費用で雇われ、仙台または江戸で使役される人夫のこと。その費用は郡役の一つとされ、村高に応じて課税された。年貢の場合は未検地でも課税対象とされたが、郡役課税については検地を受けていない土地は村高に含めるべきではない。桃生郡深谷の村々では、未検地の田畑にも「御買夫かき増（買夫の割り増し分）」を割り付けているが、他郡では免除されているところもある。不公平ではないかという主張である。大肝入に相談しても埒《らち》があかず、広渕の代官所に願い出た記録である。

未検地の土地が少しばかりならこのような問題にはならない。かなりの田畑が未検地だったから問題になったのである。しかも、給人家中が開墾した未検地の田畑が蔵入（藩直轄地）扱いであったり給人の抱地（百姓前の土地）とされたり、土地の把握がかなり混乱している様子が見て取れる。

桃生郡深谷の村々では新田開発が一段落した寛文七年（一六六七）三月に一斉に検地帳が作成され、それ以後本格的な検地は行われなかった。検地から五〇年が経過し、その間に新たな田畑が開かれたり耕作者（所有者）が変わったり、あるいは田畑が荒れ果て耕作が放棄されたりした結果、検地帳と実態がかけ離れてきた。五〇年前の検地帳に基づいて諸役をかける郡では諸役の負担が軽くなる。桃生郡深谷では未検地の田畑にも諸役を課税したので、その不公平さを訴えたのである。

郡役（諸役）対する不満は、八〇年後の寛政九年（一七九七）に爆発する。寛政の大一揆である。この年、藩として郡役の軽減や代官の削減などを実施した。

享保三年（一七一八）

江戸上屋敷類焼「難儀たるべし」

一　享保三年極月（一二月）二五日夜四つ過ぎ（午後一〇時過ぎ）、江戸上屋敷類焼。二五日夜火事の節、仙台藩主居宅の類焼が将軍のお耳に達し、「難儀たるべし」と思し召されました。上意如是候　恐惶謹言

一二月二七日

水野和泉守
戸田山城守
久世大和守
井上河内守

松平陸奥守殿

右類焼につき、二六日、二七日に御仮屋形、御長屋、御広間の三軒を作り、引越しました。上下恙《つつが》なし。此度焼失したのは、南御長屋御門御屋形奥方。

正月を目前にした一二月二五日の午後一〇時過ぎ、芝口海手（現在の東新橋）にあった仙台藩江戸上屋敷の南長屋門と屋形ならびに奥方が焼失した記録である。このとき藩主吉村は在国中で、上屋敷には

いなかった。

火事から二日後、老中を通じて将軍の火事見舞いが届いた。

「難儀たるべし（難儀なことでしょう）」「上意如是候（将軍のお言葉は以上の通りです）」

「松平陸奥守」はもちろん伊達吉村のこと。

仮屋形、長屋、広間がたったの二日間でできあがった。驚異的なスピードである。大名や金持ちの大《おお》店《だな》は、火事のときにはすぐに組み立てられるように、普段から建築資材を準備しておいたといわれている。

長屋は藩邸を取り囲むように建てられた家臣の居住空間、屋形は政務をとる役所空間、広間は屋形空間の一部であるが、儀式のためのスペースである。奥方は藩主家族の居住空間を指す。

享保四年（一七一九）

杉苗一〇〇〇本植林

一　杉苗一〇〇〇本、深谷赤井村御伏せ方所（杉の育苗所）にて受け取り、須江村の拙者御預御林に植えました。それを上廻衆（御役人衆）に確認してもらいました。植林の費用は矢嶋が負担しました。以上

享保四年三月一四日

矢嶋喜太夫

田子左平次

大越庄内様

前年六月から八月にかけて矢嶋喜太夫は預御林から杉の成木一〇〇本余を伐り出し、藩に納入した。それらの杉は藩の巡見衆の宿泊施設建設と広渕村の大橋架け替えに使用された。杉苗を植えたのはその伐り出した跡地と思われる。植林後、山林上廻衆にわざわざ現地を確認してもらったのは、管理の行き届いていることを示すとともに、「自費で植林した」実績をアピールする狙いがあったのだろう。

矢嶋とならんで名前を出している田子左平次は隣村（蛇田村）の給人である。預御林の管理とは無縁

の人物である。なぜここに田子左平次の名前が出てくるのか。

後に見るように矢嶋はこの年一一月、田子から小形金三五切（金八両三分）借金しているので、植林に際してもその費用を田子から借金した可能性がある。植林の際の借用証文は発見されていないが、植えた「立木」を借金の形《かた》（抵当）にして矢嶋が田子から借金したことは十分に考えられる。そのような事情でもなければ、ここに田子左平次の名前が出るはずがない。

役人・大越庄内もその辺の事情をよくわきまえていて、右の書付を受け取ったと思われる。

鳥の捕獲を禁ずる

一　御留野内では鉄砲はもちろん、鳥もちなどを用いた鳥の捕獲も以前から禁じられてきましたが、この度さらに厳しく命じられましたので、矢嶋喜太夫家中ならびに倅《せがれ》どもにまで改めて厳しく申し付けました。その証文です。以上

享保四年八月二日　　　矢嶋喜太夫家中

加藤与五郎

須江村肝入次兵衛様

この記録から、鳥捕獲禁止の命令が、郡奉行→代官→大肝入→肝入→給人のルートで伝達されたことがはっきりとわかる。肝入は百姓身分で、矢嶋喜太夫たち給人は武士身分であるが、村政に関する事

柄では、武士身分の給人も肝入の指示に従ったのである。
この禁令の背景として、左のことが考えられる。

①禁止されているにもかかわらず鳥の捕獲が相変わらず続いていたこと。とりわけこの年は畑作、稲作ともに大不作だったので、食糧難から鳥の狩猟がさかんに行われたと推測される。

②藩主の狩猟シーズンを目前にして、給人や百姓が狩をすることで渡り鳥が減少してしまうのを役人衆が恐れたこと。

どうやら、桃生郡深谷一帯が留野に指定されていたようである。

生類憐みの令（一六八五〜一七〇九）が停止されてから、全国的に徐々に狩猟が許されるようになるが、鉄砲による狩猟はその後も厳しく規制された。桃生郡深谷で一部解禁になるのは延享四年（一七四七）である。

矢嶋喜太夫、借金

覚

一　清水前田一七枚。来《きた》る子《ね》年より寅《とら》年まで、三年三作にて売り渡します。

一　清水前苗代《なわしろ》四枚。来る子年こみの上、寅年まで、三作売り渡します。

一　右三カ年、一〇月以降に米一俵（四斗五升入り）を遣わすこと。

一　右田地の内、荒れ苗代がありますので、荒れ苗代のところは卯年（四年目）の苗作りが終わってからお返しください。

右の通り三年三作の年賦にて田地を売り渡し、小形金三五切（金八両三分）をたしかに受け取りました。抱地にかかる年貢は拙者方で納めます。

申し合わせは右の通りです。以上

享保四年一一月二六日

矢嶋喜太夫

口入《くちいれ》　高橋源十郎

田子左平次様

この年は次に見るように稲作、畑作ともに大不作であった。そこで、矢嶋は田子左平次に田と苗代を三年間「売渡（質入《しちいれ》）」して、お金を融通してもらったのである。

江戸時代、田畑の売買は禁止された（田畑永代売買禁止令・一六四三年発令）。田畑の所有関係が封建制の基礎を成すからである。しかしこの記録からわかるように、実際には田畑は売買されたのである。田畑が売買される論理を確認しておこう。

矢嶋喜太夫は藩主から知行として与えられ、自ら耕作していた田を「売り渡し」た。「売り渡す」ことができたのは田の所有者だからである。所有者でなければ物を売り渡せないというのは、古今東西に通じる論理である。

藩主から与えられた田畑を給人が家中に再給付した場合、田畑の耕作権（所有権）は再給付された家中に移る。その場合、給人は田畑を売ることはできない。要するに、実際に耕作している人（耕作権者）に田畑の所有権があるという観念が一八世紀初頭には成立していたのである。

武士は知行として与えられた田畑に対して年貢等を課税する権利を持つが、所有権は耕作者が持つ。この考え方は時代が下るにしたがって強固になる。喜太夫が手作りしている所は喜太夫の所有地、家中が耕作しているところは家中の所有地なのだ。

とはいっても田畑は永代売買禁止なので、お金を工面するのに一工夫が必要であった。「売り渡し」たのでは禁令に触れる。そこで質入という方法を採った。『見聞録』の記録は「覚」とあり、借用証文（質地証文）の形をとっていないが、正式な証文を作成したとすれば、三年を期限とする質地証文だったはずである。期限中は元本を払って所有権を取り戻すことができるが、期限内に返済できなければ質流れとなり、所有権を失う恐れがある。

喜太夫が借りた三五切（八両三分）を返済できたかどうか、確かなことはわからない。

大不作、米価高騰

一　今年五月二日より六月一四日まで日照り続きで麦作と大豆作が散々で、例年の三分の一作でした。六月一五日より七月一八日まで毎日雨が降り、その上洪水も起きて、稲は実をつけず大不作でした。そこで、大根ともちを買いました。

穀物の値段が騰貴し、小形金一切（金一分・四分の一両）で購入できる数量は左の通りです。
・麦は三斗九升
・大豆は一斗八升より二斗三升まで
・米は秋中は二斗二、三升でしたが年末になり一斗二升、糯米《もちごめ》は一斗二升より二斗まで
御領（仙台藩）内では二八万石の水損の由《よし》です。男女の賃金が下がりました。

覚

一　江戸上屋敷が昨年一二月類焼し、普請手伝金を命じていたが、今年領内は大不作なので、今年の手伝金を予定の四分の一にする。御意之事
右の事情なので今年は御手伝金をすべて免除すべきところですが、そうすると江戸で普請方の支払いにさし支えるので、右の通り仰せ付けられました。以上
享保四年一二月一〇日　御奉行

矢嶋喜太夫は、前に見たようにこの年一一月、田子左平次から三五切（八両三分）借金した。一一月末が年貢等の支払期限だからであろう。

金一切で米一斗二升の米価は『見聞録』の中で最高値である。米を買って生活する町場や漁村で打ち壊しが起きても不思議でない米相場である。

仙台藩では、江戸上屋敷類焼を理由に家臣に普請手伝金を課していたのだが、「領内は大不作なので、

今年は御手伝金をすべて免除すべきところ」といいながら、手伝金を予定の四分の一に変更した。江戸藩邸も台所事情が逼迫しているのだ。

仙台藩は表高六〇万石、実高は九〇万石ほどであったから、二八万石の水損ということは、生産高のおよそ三〇%が失われたことを意味する。

享保五年（一七二〇）

相対済令（幕府法令）の一部変更

御触左の通り

一　借金銀ならびに買掛金などの訴訟については今後奉行所で取り上げないことにしたところ、それを口実にして借金を踏み倒す者が続出したそうであるが、そのような心得違いの不届きな者がいたならば訴え出なさい。厳しく処罰する。

右の通り公儀（幕府）より御触が出されたそうですので、御当地（仙台藩）でも公儀法令をそのまま藩内で施行します。以上

享保五年三月一三日　刑部

日向

享保三年（一七一八）に江戸町奉行所が受理した訴訟は三万六〇〇〇件にのぼったが、その九割以上が金銭貸借に関するものであった。そのため奉行所はほかの訴訟や一般行政に支障をきたすほどであった。そこで幕府は享保四年（一七一九）一一月に相対済令《あいたいすましれい》を出し、商取引や金銭貸借の訴訟を受理せず、当事者同士の話し合いで紛争を調停する内済《ないさい》という方式を奨励した。ところが奉行所が訴訟を受理

しないことをいいことに、借金を踏み倒す者が続出して経済が混乱した。そこで翌年、悪質な借り手にかぎり訴訟を受け付けることに変更したのである。

この記録から、仙台藩では幕府法令をそのまま藩内に通用させていたことがわかる。

猪防ぎの空鉄砲許可

一　桃生郡深谷須江村在郷屋敷に住居する者どもです。昨年冬より猪が出没し畑を掘り返します。掘り返された畑は荒れ所同然になってしまいました。また山裾の苗代にも被害が及んでいます。つきましては防《ふせぎ》鉄砲を撃ちたいと思います。四月朔日《ついたち》より七月晦日《みそか》まで、暮れ六つ時（午後六時頃）から明け六つ時（午前六時頃）まで、夜中だけ空《から》鉄砲を御許可くださいますようお願いします。以上

享保五年四月

真山八郎右衛門
真山仲右衛門
矢嶋喜太夫
茂庭勘助
才藤弥七郎
上川名五郎太夫
梶田仁左衛門
東間左七郎

木村八兵衛様

東間長左衛門

一　桃生郡深谷須江村各々在郷屋敷から、昨冬より猪が出没し畑や苗代に被害が及んでいる由にて、防鉄砲を四月朔日より七月晦日まで、暮れ六つ時から明け六つ時まで、夜中だけ空鉄砲を御許可願いたいと申請があった。このことについては先年御定《おさだめ》が出ているので、今日から七月晦日まで、夜中だけ防鉄砲を撃つことを許可する。以上

四月二一日　　横沢半右衛門

茂庭勘助様

須江村の給人九人から出された願書である。内容は、猪の食害を防ぐために空鉄砲を四月一日より七月末まで、夜中だけ許可してほしいというもの。願書の通り許可になった。「このことについては先年御定が出ている」といっているように、猪防ぎの鉄砲についてはすでにルールがあったようだ。四月一日からの許可願書を四月になってから提出し、許可も四月二一日に下りていることから、形式的に書類のやりとりをしている雰囲気が感じられる。

夜、空鉄砲で威嚇するだけで猪防ぎの効果があったのか、はなはだ疑問である。また許可を申請したのが給人（武士）だけというのも気になるところである。百姓の鉄砲はどう判断されたのか。後に見る。

矢嶋喜太夫、御鳥見横目に就任

一　享保五年五月二五日、大條酉之助《おおえだとりのすけ》宅にて、永倉六左衛門の代わりとして御鳥見横目を仰せ付けられました。御用の證三冊は別紙にあり。

このとき矢嶋喜太夫は数え年三三歳。鳥見横目の役目は留野場（狩猟禁止区域）の管理と水鳥保護。大條酉之助は鳥見横目の上司。永倉六左衛門は近くの村に住む給人で、喜太夫の親類。鳥見横目は数日に一度留野場を巡回する役目なので、在地の武士（給人）が任命された。

現代のサラリーマンなら何らかのお役目を仰せつかれば、給料が増えたり手当が付いたりするのが普通である。ところが江戸時代は、役職に任命されたからといって手当が付いたり知行が増えたりすることは原則的になかった。すでに与えられている家禄（知行や切米、扶持方）に見合った御奉公をするというのが基本の考え方であった。逆に思わぬ病気や事故などで御奉公ができないことがあっても家禄はそのまま維持された。家禄はその「家」の存続のために支給されるものであって、具体的な労働の対価ではないのだ。

矢嶋家の禄高は、喜太夫の父・正吉の代に（一六八六）、知行高一貫八八文（一〇石八斗八升）、切米五両、扶持方四人分となって以来、息子・幸之丞《こうのじょう》の代までまったく変わることはなかった。

麦と大根、不作

一　七月二五日まで五〇日ほど雨が降らず、麦は不作。その上大根も収穫無し。穀物の価格が高騰。小形金一切で種麦一斗四升、米は一斗五、六升。

前年（享保四年）は畑作・稲作ともに大不作で、米、麦、大豆とも高騰したが、今年も干害により畑作が不作になった。穀物価格の高騰は相変わらずであるが、種麦の金一切で一斗四升は異常な高値である。米よりも高い。喜太夫らは暮れに蒔《ま》く種麦の確保に奔走したことだろう。

猪防ぎ延長

一　七月、藤間長左衛門、同左七郎、斎藤弥七郎、茂庭勘助、矢嶋喜太夫、真山八郎右衛門、真山仲右衛門、上川名五郎太夫、阿部小兵衛、右上役にて、今年の秋、稲の収穫が終わるまで空鉄砲を夜中だけご許可くださるように願い上げたところ、八月から九月末まで許可になりました。

猪防ぎの空鉄砲許可期限が七月末から九月末まで二ヶ月間延長になった記録である。申請したのは九名。四月に申請人に入っていた梶田仁左衛門が抜けて、阿部小兵衛が新しく加わった。彼らは「上役」と表現されている。須江村には彼ら以外にたくさんの給人や給人家中の家があり、その「上役」なのだ。なお、東間が藤間に、才藤が斎藤に変化しているが、当時は「音通《おんつう》」といって音が通じれば漢字が違っていても問題にしなかったのである。

年末支払

一　極月（一二月）、藩から御切米の不足分が支給されました。拙者の分は一二月二六日支払いでした。御扶持方分も支払いがあり、ようやく正月前に支払いを済ますことができました。

米は小形金一切で一斗九升。

御切米は年三回に分けて現金支給される決まりだった。矢嶋喜太夫の御切米は五両。扶持方は偶数月に現物（米）支給。喜太夫の扶持方は四人分。扶持方一人分は玄米一日五合、四人分では一日二升。一年では七石余。

喜太夫は知行高一〇石八斗八升と小禄であるが、それとは別に現金五両と玄米七石の収入があるのが強みである。米と現金の二通りの収入があるので、米価の変動があっても影響が少なくて済む。また知行の田畑が不作でも、切米五両と扶持方四人分は支給される。切米と扶持方には課税されない。屋敷地と管理を任された藩有林からの収入もある。喜太夫は年末の支払いをようやく済ませたと記録するが、困窮している様子はない。

米は昨年一二月、一切で一斗二升だったので、今年米価は少し値下がりした。

享保六年（一七二一）

駄送、許可願

一　玄米三石　大麦三石　大豆一石

右三口を、名村忠右衛門を通じて遠田郡内で今春中に購入し、陸路を馬で運びたいと思いますので、その通行証をお出しくださいますようお願いします。拙者は深谷須江村在住で御知行高一貫八八文。昨年は手作米が不作でしたが、飯米を購入しようにも深谷内では購入できませんでした。以上

享保六年二月一五日　　矢嶋喜太夫

奥山勘助様

喜太夫は今年も手作米の不作を理由に他郡から飯米用の米麦と大豆を買い付けるつもりである。後に見るように矢嶋家は家中を含めて二〇人が暮らす。知行高は一〇石余だが、一人年間一石の米を消費するから、二〇人で二〇石。手作米だけでは絶対に不足する計算になる。

名村忠右衛門を通じて玄米、大麦、大豆を購入すると記している。名村は広渕代官所役人であるから、役所の許可を得て購入しているのだ。仙台藩では米麦の自由な売買を禁止した（買米制）とされるが、藩内では役人の許可を得て売買したことがわかる。

猪防ぎ、今年も願い出る

一　桃生郡深谷須江村と牡鹿郡蛇田村におきましては、大和田山から出没する猪を防ぐために玉入れず鉄砲（空鉄砲）を暮れ六つ以降明け六つ前、今月から七月末まで、御許可くださいますようお願いします。このごろ猪が大変に増え苗代を食い荒らしますので、鉄砲の使用はやむを得ないことと存じます。昨年も拙者どもは右の願いをお出しして、御許可をいただきました。須江村と蛇田村に住居する拙者どもは至って田畑が少なくやっとのことで御奉公を続けており、このようなお願いを申し上げる次第です。

以上

享保六年四月

阿部小兵衛　真山八郎右衛門　矢嶋喜太夫
才藤弥七郎　茂庭勘助　上川名五郎太夫
真山仲右衛門　田子左平次　藤間長左衛門

一　深谷須江村と牡鹿郡蛇田村の内にて、大和田山から出没する猪を防ぐため玉入れず鉄砲（空鉄砲）を暮れ六つ以降明け六つ前、今月から七月末まで許可してほしい旨、御給人衆から連判を以て申し出があり、御野場奉行衆へ報告したところ、さし支えないと、古内忠左衛門を通じて連絡がありましたので、御給人衆に今日から七月晦日まで夜中だけ玉入れず鉄砲を撃つことを許すと、ご回答ください。恐惶謹言

享保六年四月一八日　横沢半右衛門印判

阿部小兵衛様

大和田山の猪の被害を受ける須江村と蛇田村が合同で作成した願書の控えである。須江村が村の枠を超えて、他郡の村と足並みをそろえて願書を出したことが重要である。ちなみに蛇田村は石巻代官所の管轄である。リーダーが茂庭勘助から阿部小兵衛に交代したことにも注目したい。阿部は次の洪水時の記録に登場する、遣り手の人物である。

「鉄砲の使用はやむを得ないことと存じます」と述べているが、この記述は「給人衆が鉄砲を撃つことには問題がある」という役人への反論であろう。現実に起きている猪の被害に目をつむり、何事も「古格古例に則り」処理しようとする行政への抵抗と考えられる。それでも給人たちはこの段階では「玉入れず鉄砲」で妥協している。

石巻代官所管轄の蛇田村と合同で作成された願書だった関係からか、広渕代官所では自分のところで判断せずに、仙台の御野場奉行衆まで報告を上げ、対応を協議している。

北上川堤防と広渕大堤土手、決壊

一　享保六年閏《うるう》七月朔日、雨降り。先月二八日まで雨が一四、五日間続いた。今日も雨。

二日、夜中から大雨になる。昼八つ時（午後二時頃）止む。

三日、晴天。昼八つ時、北上川の堤防が和渕村笈入付近で二間《けん》（約四メートル）ほど決壊し前谷地村が一面水浸しになる（図①）。

暮れ五つ時（午後八時頃）広渕大堤《おおつつみ》の土手が姥神前で決壊（図②）。広渕大堤へ濁流が押し寄せる。

四日巳《み》の上刻（午前九時頃）、広渕大堤が満水になり所々で越水。

巳の下刻（午前一一時頃）、広渕村米崎丸沼付近で広渕大堤の土手決壊（図③）、その幅およそ五〇間（約九〇メートル）。広渕村、塩入村、北赤井村、南赤井村、須江村が水浸しになる。

暮れ□つ時我らは坂下土手まで駆けつける。

五日朝五つ時（午前八時頃）、広渕大堤水門の石垣が流失。

その夜、一夜のうちに大堤の水が一尺五寸（約四五センチ）ほど引く。

我らは三日八つ時（午後二時頃）より瓦山より樋場砂山まで駆け回り、ようやく洪水が治まった。

駆け回ったのは、上川名五郎太夫、御役人、鈴木平七郎の三人である。

決壊したのは北上川の堤防と広渕大堤の土手二ヶ所である。図中①、②、③の順に決壊した。

北上川は北から南に流れる。土地は北が高く南が低い。

閏七月二日まで雨が降り続き、三日は朝から晴天であったにもかかわらず、午後になってから①が決壊し和渕村と前谷地村が一面水浸しになった。

ついで②が決壊し広渕大堤が満水になった。最後に③が決壊し、須江村、広渕村、両赤井村、塩入村が水浸しとなった。

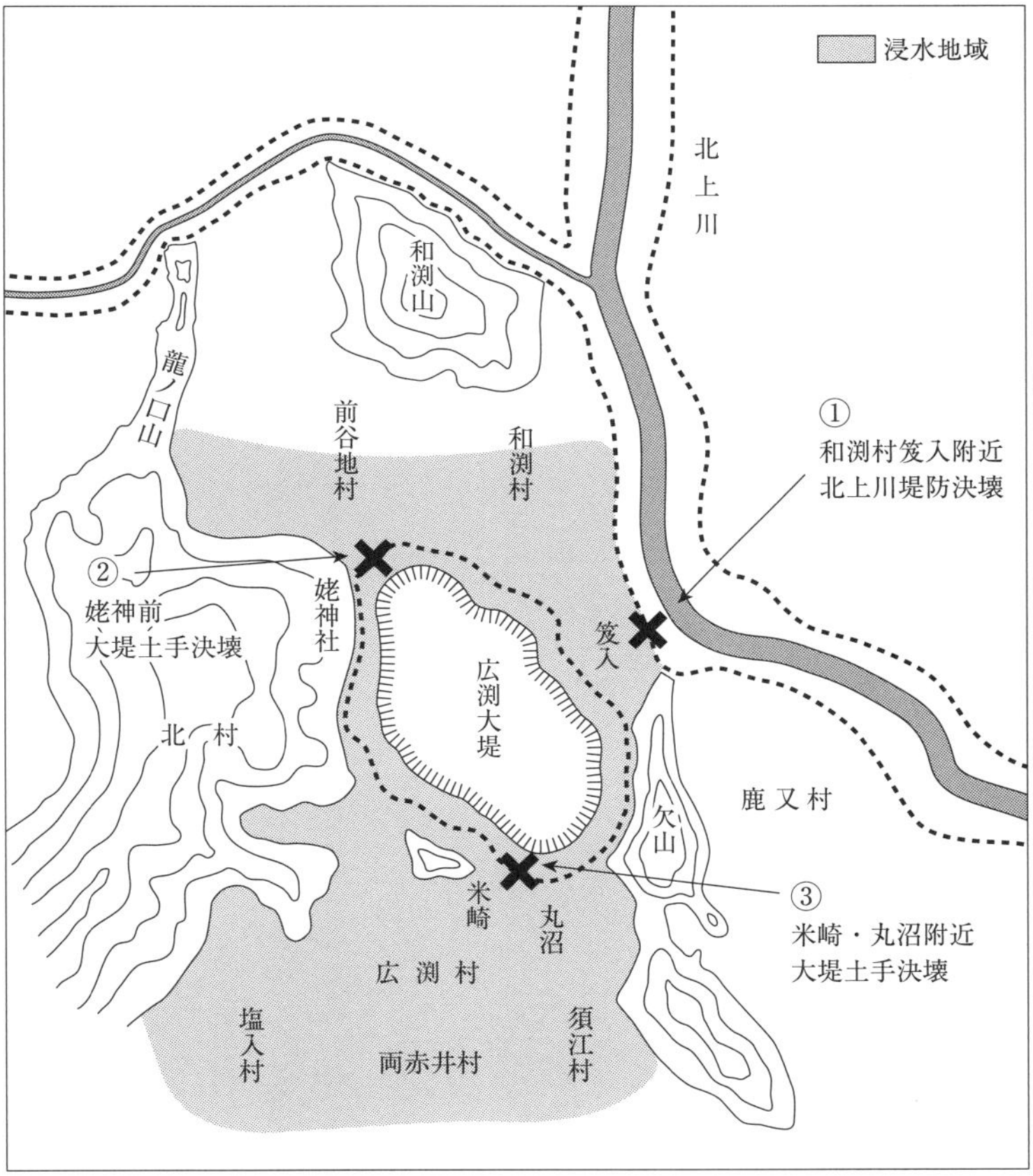

北上川堤防と広渕大堤土手決壊の様子

決壊箇所修復の願書

一　この度の洪水で広渕大堤の土手が一二ヶ所決壊しました。決壊した土手の長さはおよそ一〇〇間（約一八〇メートル）。私どもの仲間で平地に住む者は居家が床上浸水しました。

この度の洪水は近年にない大洪水です。その損害は甚大です。

広渕大堤は桃生郡深谷と牡鹿郡の二郡一一ヶ村、高三〇〇〇貫文（三万石）余の用水です。先年まで用水不足に悩まされていましたが、阿部小兵衛が御役をつとめるようになってから大堤の修復をして、ここ一〇ヶ年余用水に不自由しませんでした。ところが、右の通り大破してしまいましたので、来年用水不足になることは必至です。

これまではその時々に阿部小兵衛が吟味して自分たちで修復してきましたが、今年は大破してしまいましたので、これから自分たちで修復に取り掛かっても年内に工事を終わらせることは不可能です。そうなりますと来年は用水不足になってしまいます。着工を来春に延期するわけには参りません。年内に大堤を元の通りに修復したとしても、水が貯まるのに時間が掛かりますので、来春十分な水を確保するのが困難と思われます。また土手の所々で土が押し流されてしまいましたので、土を運び入れる必要がありますが、その人足もかなりの人数になります。

早速にも御吟味くださいまして藩営工事として修復に取り掛かっていただきたいと存じます。着工が遅れますと年内に完成できなくなります。私どもも人足として働きますので、お使いいただきたいと存じます。

土手の破損は自分たちで修復すべきであるとは思いますが、今年の洪水では破損箇所があまりにも多く自分らの手に負えません。また用水は御蔵入（藩の直轄地）の水田をも潤していますので、このようにお願いする次第です。

関係の村々に給人が大勢いますが、遠所に居住する者や仙台居住の者とは相談する間がありませんでしたので、在郷に居住する者だけで申し合わせ、お願い申し上げる次第です。

もし御取り立て御延引になりますと今年は水損による不作、来年は水不足による干損に見舞われます。そうなりますと小身の者どもは御奉公を続けられなくなります。御憐憫を以て早速御吟味の上修復工事に着手してくださいますようお願い申し上げます。以上

享保六年

真山八郎右衛門　笹原吉助　大條平五郎
永倉六左衛門　丹野八之丞　上川名五郎八郎
大越庄内　阿部小兵衛　宮沢七九郎
只野山三郎　鈴木平七郎　佐藤市右衛門
田子左平次　茂庭勘助　矢嶋喜太夫
古山次左衛門　斎藤弥七郎　高盛覚之助
藤間長左衛門　我妻六兵衛　笹原新次郎
久保源左衛門　赤井九十郎　小関惣五郎
石田源右衛門　真山庄三郎　遠藤清三郎
真山仲右衛門　鈴木庄左衛門

洪水により北上川堤防と広渕大堤土手が決壊した。願書では後者のみを対象に修復を訴えている。北上川堤防の維持管理はもともと藩の管轄であり、早速にも藩が修復工事に取り掛かったのであろう。それに対して広渕大堤は「自普請」といって、願書でもいうように「自分たちで修復する」ルールであった。事実、これまでは阿部小兵衛がその担当となり必要に応じ修復して、「一〇ヶ年余用水に不自由しなかった」のである。

しかし「今年の洪水では破損箇所があまりにも多く自分らの手に負え」ないので、藩が中心になって修復工事をしてもらいたいという趣旨である。さらに給人衆は広渕大堤の「用水は御蔵入の水田をも潤してい」ることをその理由として書き足している。

広渕大堤から用水を引く水田は、およそ高一万八〇〇〇石。願書では三万石といっているが、それは関係する村々の村高合計であって、用水為高《ためだか》ではない。用水為高一万八〇〇〇石の内訳は、蔵入が九五〇〇石、給所が八五〇〇石である。蔵入の年貢は藩庫に入るのだから、この際藩が主導して修復すべきという理屈である。

また「着工を来春に延期するわけには」いかない、「早速にも」着工してもらいたい、「御取り立て御延引」は許されないと、直ちに着工することを繰り返し訴えている。広渕大堤に水が貯まるのに時間が掛かるからである。すぐ着工しないと、今年は水損、来年は干損になりますよと、なかば脅している。

江戸時代、用水路、堰、道、橋などは村で修繕するのが原則で、修繕は夫役人足によって実施された。

仙台藩では高一〇石につき、小役人足一〇人、水下人足六人、御雇四人合計二〇人という決まりであった。夫役は給人も百姓も公平に負担した。夫役によって修復するにしても、村の中に給人と百姓が入り交じっているので、いつも通りに給人衆が主導して修繕すべきか、この際だから大肝入を中心に藩主導で修繕すべきかが問題になったのである。

百姓たちも村肝入、大肝入のルートで代官所に土手修復の願書を出したことと思われるが、給人衆と大肝入・村肝入たちが打ち合わせた様子がまったくない。同じ村に住んでいながら身分を超えて情報交換するルートがなかったのであろう。

明野（狩猟解禁）願

一　桃生郡深谷須江村を明野（狩猟解禁）にしてくださいますようお願いします。須江村は先年は明野場（狩猟解禁区域）でございましたが、貞享年中（一六八四～八七）より留野（狩猟禁止区域）となり、元禄四年（一六九一）には殺生御停止《ちょうじ》になりました。宝永七年（一七一〇）に殺生御停止が解かれましたが、再び須江村は留野とされましたので、猪が多くなり、田畑の収穫時期には百姓ならびに諸給人家中の者どもは困り果てております。

須江村では以前に数度明野にしていただきたいとお願いしましたが、お取り上げいただけず、しだいに猪が増えて苗代などに被害が出るようになりました。

四月朔日から七月晦日まで夜中だけ鉄砲を撃つ許可をいただきましたが、それでは猪の害を防ぎきれません。昨年は特に猪の被害が大きく一〇月晦日まで防ぎ鉄砲の許可をお願いしたところ、九月末までの許可をいただきました。

近年猪は倍増しています。その被害も甚大です。拙者どもは山間部の屋敷に住んでいますので、なおさら猪の害が大きくて困っています。これまでもこのことにつきましては再三お願いしてきたところですが、又以てお願いする次第です。御憐憫を以て願いの通り須江村を明野にしてくださいますようお願いします。以上

享保六年一一月九日

茂庭勘助　鹿野半兵衛
笹原新次郎　斎藤弥七郎
笹原吉助　田子左平次
藤間長左衛門　矢嶋喜太夫
真山仲右衛門

差出先は明示されていないが、広渕代官所に差し出したものと思われる。一一月九日付で、稲の取り入れ直後に提出した。この年は大洪水に見舞われ、その上収穫期に猪の被害に遭ったのである。

願書の趣旨は、玉込鉄砲で撃ち殺さなければ猪の被害を防ぐことができないという一点にある。願書で、野場について歴史的に振り返っている。その論理を確認しておこう。

まずはじめに「須江村は先年は明野（狩猟解禁区域）」だったと述べている。そのあと幕府は貞享四年（一六八七）に「生類憐みの令」を発布し、元禄四年（一六九一）から宝永六年（一七〇九）まで

「殺生御停止」を命じたことに触れている。仙台藩も幕府法令をそのまま領内で施行したからである。その上で、幕府が「生類憐みの令」「殺生御停止」を取り消したのだから、仙台藩でもそれに倣って狩猟解禁にしてもよいではないかという主張である。

細かな点もいくつか確認しておく。

この年四月の願書ならびに回答書では「玉入れず鉄砲」と明示されていた。この文書には「鉄砲」とだけ表現されているが、この時点で玉込鉄砲が許可されたとは考えにくい。「玉入れず鉄砲」のことだろう。

「田畑の収穫時期には百姓ならびに諸給人家中の者どもは困り果てております」と、「百姓」を持ち出している。猪防ぎは百姓と給人家中の共通課題であるとの意識が明確になってきたあらわれであろう。

喜太夫に金を貸した田子左平次はこれまでの願書から蛇田村在住と判断されるが、ここでは須江村の給人として名前を出している。田子が喜太夫等から、質物として押さえていた田畑を取得した可能性も考えられる。

物成小割帳（年貢割り付け帳）

深谷須江村矢嶋喜太夫様御知行　当御物成　小割帳

一紙書上

高壱貫八八文　内　一　田代　六六七文

一　畑代　四二一文
一　田代　四二四文　当八月水損引
残上納六六四文、内
一　田代　二四三文
一　畑代　四二一文
右の通り水損につき、当八月御免届を提出済みです。
右の御知行は給人手作所ですが、地肝入がいませんので、私の一判にて小割帳を作成しました。以上
享保六年一二月六日
須江村肝入
次兵衛
門間卯兵衛様
横尾半兵衛様
前書の通り深谷須江村矢嶋喜太夫御知行が水損の所であるのは間違いございません。以上
同年同月同日
門間卯兵衛
横尾半兵衛
名村仲右衛門様
右の通りの水損高で間違いございません。以上
同月同日
名村仲右衛門

御郡奉行衆

一　拙者は桃生郡深谷須江村に高壱貫八八文の御知行を所持しています。そのうち四二四文が今年洪水によって水損になってしまいましたので、今年の五分一御役金を免除してくださいますようお願いします。拙者は、右の他に御知行を持っていません。同郡御代官の中書、御郡司衆の末書の証文を添付します。

享保六年一二月一一日　　矢嶋喜太夫判

高壱貫八八文　　内　一　田代　六六七文
一　畑代　四二一文
内　田代　四二四文　当閏七月洪水につき水損引

残上納　六六四文　内　一　田代　二四三文
一　畑代　四二一文

此の御物成
田代一二二文より
一　米一石三斗五合　口米共　但一貫文に五〇〇文米のところ
畑代八四文より

一　大豆一石五斗也　口米共　但五分一大豆のところ
　田代一二一文より
一　今代六二六文　口米共
　畑代三三七文
一　壱分判一切七三五文口米共
一　壱分判一切一九文四色役
一　今代三三文壱銭懸
一　今代三六文弐色小役
　右、金納五口あわせて、金三切と今代四四八文

矢嶋喜太夫の知行高一〇八八文の内訳は田代六六七文、畑代四二一文である。田代六六七文がこの年水害に遭い、四二一文を水損と認定された。残り上納分（課税対象分）は二四三文である。「右の御知行は給人手作所ですが、地肝入がいませんので、私の一判にて小割帳を作成しました」とあり、小割帳（課税通知）を村肝入次兵衛が発行した。

水損も村肝入が認定し、それを担当役人、代官、郡奉行衆の順に承認している。要するに給人の手作地にも百姓と同様の手順で課税されたのである。

「地肝入」とは給人に代わって給所を管理する百姓身分の者のことである。数百石の知行を所持する給人は地肝入に給所の管理を任せたが、知行高一〇石の喜太夫は地肝入を置かず自分で給所の管理をした。

「今年洪水によって水損になってしまいましたので、今年の五分一御役金を免除してください」とある。「五分一役金」は藩財政を救うために家臣に課したもので、知行高一貫文につき金一切（四分の一両）を毎年納入させたといわれている。喜太夫は水害を理由にその免除を願い出たのである。

田の年貢は半分が米納で、半分が銭納であった（半石半代納）。畑年貢は五分の一が大豆納、五分の四が金納。なお金一切とは一分金のことで、一分金の正式名は壱分判といったが、仙台藩では壱分判一枚を一切《きれ》と呼んだ。壱分判は四分の一両、公定相場では銭一〇〇〇文に相当するとされたが実勢相場では一二〇〇文程。銭納の銭には本代（永楽銭）と今代（寛永銭）があり、本代一文は今代五文に相当した。

【コラム】課税と納税

課税については、矢嶋喜太夫の記録から次のことがわかる。

・蔵入地、給所の別なく、村肝入が検地帳の名請人（耕作権者）に課税した。
・給所を管理する地肝入がいる場合は、村肝入、地肝入、名請人のルートで課税した。
・蔵入地を耕作する百姓も、給所を耕作する百姓も、給地を耕作する給人もその家中も基本的に同一の年貢率であった。

さて、納税についてはどうか。

蔵入地の年貢は藩庫に収納され、給所の年貢は給人に納められるのが原則である。したがって村肝入から課された年貢を喜太夫が藩庫に納入したとは考えにくい。喜太夫は知行所を耕作させている家中や奉公人に年貢の再割当をして、自分のところに納入させたと思われる。一方、給所であっても村政に関わる費用は、蔵入地と同様に負担するのが原則なので、喜太夫は水下人足や村肝入給分などの諸役を百姓同様負担したと考えられる。

享保七年（一七二二）

郡方御用を志願

一　拙者は桃生郡深谷須江村に居住し御鳥見御用をつとめています。昨年大洪水で知行所が水害にあいました。以前から困窮する者ですが、その上に水害を被り生活を続けていくのが大変困難になりました。今年より役所の御郡方御用がございましたならば、御鳥見御用と兼役でつとめさせていただき、その路銭を以て何とか生活を維持して参りたいと存じます。命をつなぐのがやっとの生活でございます。御憐憫を以て右御村御用をお命じくださいますようお願いします。

もちろん御鳥見御用に手抜かりのないように同役と申し合わせて勤務に励みたいと存じます。以上

享保七年二月二六日　　　　矢嶋喜太夫　壱判

古《カ》　忠左衛門様

早　三弥様

一　拙者は桃生郡深谷須江村に居住し、小松村、塩入村、赤井村、広渕村、須江村、右五ヶ村の御鳥見御用をつとめております。右村方の御普請方用水御用などがございましたならば、是非拙者に仰せ付けくださいますようお願いします。拙者はかねてより困窮する者ですが、昨年知行所が水害を被り、命を

つなぐのがやっとの生活でございます。
御憐憫を以て右御村御用をお命じくださいますようお願いします。右の趣、御野場奉行衆にも連絡してあります。その文書を添付します。以上
享保七年三月　　矢嶋喜太夫
名村忠右衛門様

一つ目の文書は御鳥見役の上司にあたる御野場奉行衆宛。二つ目の文書は広渕代官所宛に提出したもの。喜太夫が不作や洪水のため生活が苦しいので、御鳥見役のほかにもう一役（郡方御用・村方の御普請方用水御用）を与えてほしいと願った文書である。喜太夫は具体的な役目まで指定して希望を出している。用水路の管理人に任命してほしいというのである。考えてみれば御鳥見役も御普請方用水御用も、ともに貯水池、水田、野谷地を巡回する役目であるから、兼務したいという気持ちはよくわかる。しかしこの願いは叶わなかったようである。

喜太夫が不作や洪水のため困窮し、近村の給人・田子左平次から借金せざるを得ないほどだったにしても、「命をつなぐのがやっと」の状態とは思われない。桃生郡で飢饉の様相を呈するのは、六〇年後天明年中（一七八一～八九）に入ってからである。江戸時代の願書を「文字通り」に解釈するのは危険である。

「路銭」について考えてみる。路銭は旅費もしくは役の手当であろう。いずれにしても喜太夫は「村方の御普請方用水御用」に就任して路銭を受け取ることを期待している。

ところで江戸時代の家禄と奉公の関係は、家禄に見合った奉公をするという考え方が基本である。三〇〇石の大番士が郡奉行に就任しても、石高が増えたり藩の費用で家臣を増やしてくれたりするわけではない。三〇〇石にふさわしい奉公として役をつとめ、三〇〇石の中で諸費用を負担して、その役目を果たすのが基本である。とはいうものの、この記録から、役によっては「路銭」が支給されたことがわかる。今でも公務員に「隠れた給与」があるように、役に就けば何らかの「手当」、それも十分に生活の足しになるだけの「路銭」が支給されたのだ。

ちなみに矢嶋喜太夫の家禄・身代《しんだい》（財産・収入）は左の通りで、父・正吉の代から息子の代まで一文の増減もなかった。御鳥見横目就任の前と後でもまったく変わらなかった。

知行高　一貫八八文（米一〇石八斗八升）
御切米　五両（金五両、年三回に分割して支払われる）
御扶持方四人分（米一五俵と三斗三升、年六回、偶数月に支払われる）

家督養子願

一　享保七年八月二三日、太田権助は矢嶋喜太夫の弟を養子家督にしたい旨の願書を提出しました。左はその願書。

太田権助は五一歳で家督がありませんので、甥・矢嶋喜太夫の弟、権右衛門を養子にしたいと思います。権右衛門は二四歳です。

太田権助の身代（財産）は御切米二両、御扶持方四人分です。それを将来は権右衛門に相続させるつもりです。

太田権助には嫡子・三右衛門がいましたが、昨年一二月出奔してしまいましたので、右の通りお願いする次第です。

矢嶋喜太夫の身代は、御知行高一貫八八文、御切米五両、御扶持方四人分です。

このほかに、母方の従弟《いとこ》、永倉六左衛門二男・只之丞、当年六歳がいます。このほかに同姓、他姓の親類の内に権助の養子になれる人はいません。

右矢嶋喜太夫は奥山勘解由御番組に所属しているので、右願いの趣を勘解由にも報告しました。

御憐憫を以て、右の願いをお聞き届けくださいますよう、双方の親類が連判を以てお願い申し上げます。以上

享保七年八月三日

太田権助
矢嶋喜太夫
板橋長左衛門
有住半兵衛

豊前殿

右の通り願い出ましたところ、九月一九日に御客之間において芦名刑部殿、大町主計殿からお許しを

いただきました。我らの名代として板橋長左衛門と有住半兵衛が出向きました。

武士の養子縁組には、親類と藩の承認を必要としたことがわかる。養子は「同姓」であることが望ましく、同姓で養子になるべき者が見つからないときは「他姓」の親類から選ぶのが順当だった。矢嶋家に残る系図によると、太田権助は矢嶋家から出て太田家に入った人で、矢嶋喜太夫の異母兄にあたる。出奔した嫡子三右衛門との関係でいえば、永倉只之丞は母方の従兄弟にあたり、矢嶋権右衛門は父方の従兄弟にあたる。同じ従兄弟でも父方の方を優先したのである。養親太田権助と、弟を養子に出す矢嶋喜太夫の身代をそれぞれ書き上げたのは、両家の「格」が釣り合っていることを示すためであろう。「格が違う」家同士の縁組は、封建社会の「序列を崩す」ことになるので許されないのだ。

家督並み御目見得

一　拙者養子同氏権右衛門は当年二四歳になります。権右衛門に家督並みの御目見得《おめみえ》を仰せ付けくださいますようお願いします。拙者の嫡子三右衛門が昨年一二月に出奔してしまい、跡継ぎがいなくなりましたので、権右衛門を養子にしたい旨の願書を提出し、先月一九日にお許しをいただいたところです。拙者身代は御切米二両、御扶持方四人分です。御番所御広間勤務仙台在住です。以上

一〇月朔日　　太田権助

豊前殿

右の通り願い上げましたところ、一六日に御広間御申次・大町権太夫、月番・芦名刑部殿、当番・大□沢越中、松根□□□、中嶋豊前、茂庭対馬にて正月二七日、御目見得を仰せ付けられました。

太田権右衛門の家督並み御目見得は正月二七日に実現することになった。

享保八年（一七二三）

藩主御野入（狩）、矢嶋屋敷にて御昼

一　享保八年二月二二日屋形様が狼河原を出発。拙者は御鳥見役としてお供に加わりました。「和渕村梨木裏《なしのき》に鶴が八羽います」と申し上げ八つ半時（午後三時頃）ご案内しましたが鶴が飛び立ったあとでした。和渕村竹田（武田）氏宅に宿泊。

一　同二三日朝五つ半（午前九時頃）狩に出発。和渕百間土手前にて菱喰《ひしくい》二、真雁二。土手下にて御目見得を仰せ付けられ、屋形様に御挨拶申し上げました。御申次、松前采女。拙者宅で今日の昼宿を申し付けられていましたので、みんなより先に舟にて広渕大堤を渡り自宅に戻りました。

（中略）

我らは瓦山樋場にて屋形様を出迎えました。拙宅では大鮒《ふな》二枚、玉子三〇個、干海老《ほしえび》一盃を砂盛にし二つのお膳にして献上。屋形様には大変喜んでいただきました。また庭の椿を殊《こと》のほか気に入られたようすでしたので、坊主衆が手折って献上しました。

屋形様から拙者に「身代高はどれくらいか」とのお尋ねがありました。また広間から屋敷内を見渡して「とてもよい昼宿であった」とのお言葉を頂戴しました。

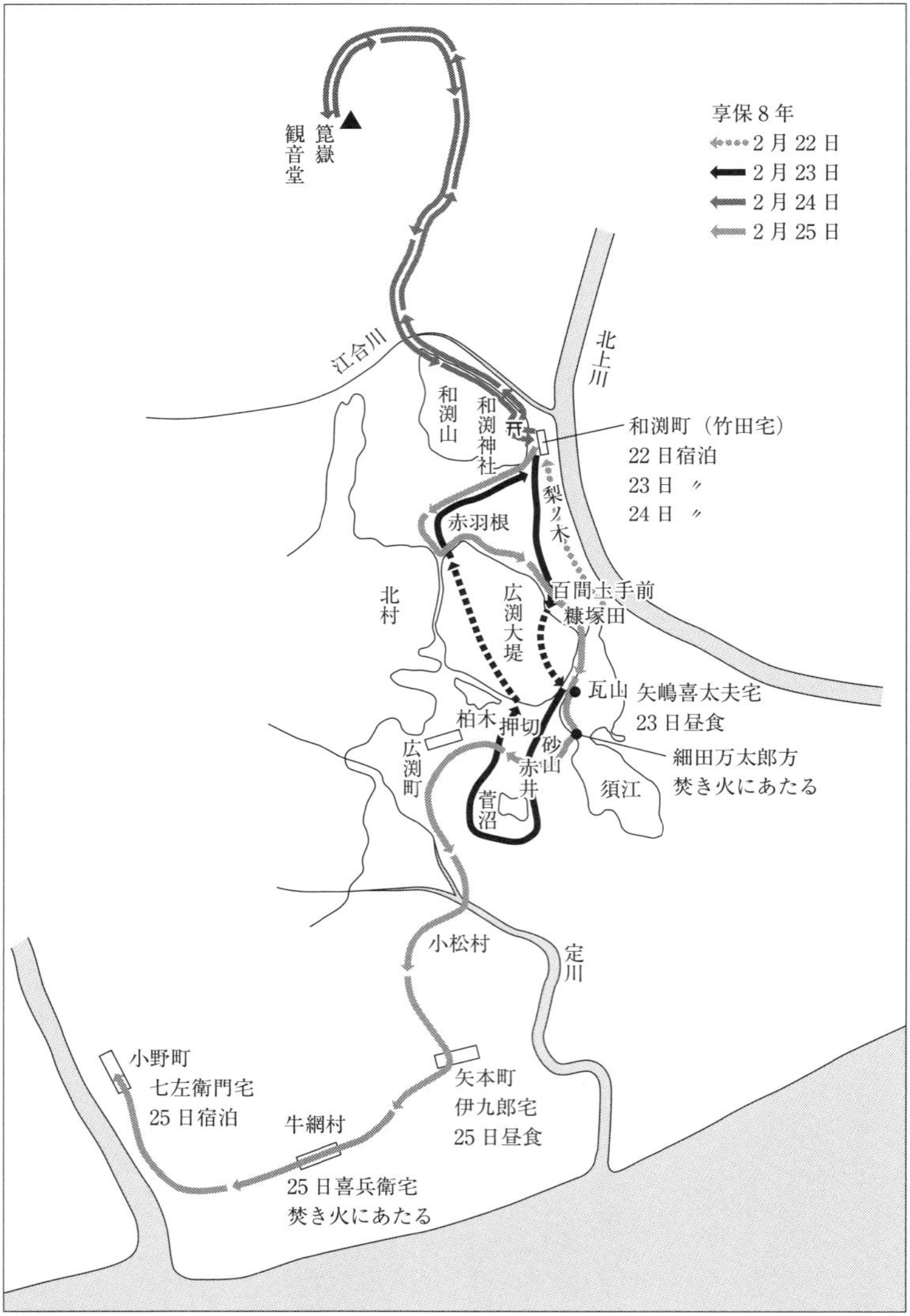
享保8年
2月22日
2月23日
2月24日
2月25日
篦嶽観音堂
江合川
北上川
和渕山
和渕神社
和渕町（竹田宅）
22日宿泊
23日 〃
24日 〃
梨ノ木
赤羽根
北村
広渕大堤
百間土手前
糠塚田
瓦山
矢嶋喜太夫宅
23日昼食
細田万太郎方
焚き火にあたる
柏木
押切
広渕町
砂山
赤井
須江
萱沼
小松村
定川
小野町
七左衛門宅
25日宿泊
矢本町
伊九郎宅
25日昼食
牛網村
25日喜兵衛宅
焚き火にあたる

矢嶋屋敷での狩の行程

御昼御膳
一　御本汁御あえもの　斎藤次兵衛　一　御替汁　生かわ　本田松次郎
一　大鮒にひたし　　田代勘兵衛　一　いりな御吸物　　三浦正九郎
右の通り御昼御膳を召し上がられて出発。我らは門外にて麻上下《あさがみしも》を着用しご挨拶。御申次、田村左覚。それより赤井村菅沼あたりで真雁二、新道南にて真雁四、柏木裏にて真雁二、押切新土手より乗船して前谷地村赤羽根へ廻り、土手下にて真雁二。

暮れ六つ時（午後六時頃）和渕村竹田氏宅にお帰りになりました。今日の収獲は一七。そのほか御兎所、御鷹の分を合わせると合計二五。終日天気が良く屋形様はご機嫌でした。
一　同二四日和渕明神（和渕神社）と篦嶽《ののだけ》（篦嶽観音堂）へお出かけ。天気良し。
一　同二五日朝五つ時（午前八時頃）狩に出発。前谷地村赤羽根前にて真雁一。強い西風が吹いてきて舟に乗るのを中止。土手下にて休息。糠塚《ぬかづか》田にて真雁一。大風のため細田万太郎方にて焚き火にあたり、それより砂山裏にて真雁一、柏木裏にて真雁一、広渕町裏にて真雁一、西一番江の新七郎脇から定川を渡り、小松村の畑にて真雁二、矢本町伊九郎宅にて御昼御膳。かわと沼にて菱喰一、海道通にて真雁七、合計一五。
牛網村の喜兵衛宅にて焚き火にあたり、小野町の七左衛門宅にて宿泊。本日の狩猟は、御兎所と御鷹の分も合計すると三一でした。

我らは小野町までお供をしました。刑部殿、宮内殿、采女殿、内記殿、岩山縫之助殿に御礼のご挨拶を申し上げました。今日は諸事首尾よく案内役をつとめることができました。我らは二六日に須江村に帰りました。
屋形様から「とても楽しかった。これ以上の喜びはない」とお言葉をいただき、我らとしても大変に名誉で、有り難いことであると存じました。
後代にこの喜悦を聞かせるためにここに記し置く者なり。
享保八年二月二六日
矢嶋喜太夫
三六歳にて相勤《あいつとむ》

二月二二日から二五日まで四日間の狩猟の様子である。矢嶋喜太夫は役目柄、どこで（場所）、何が（鳥の種類）何羽獲れたかを中心に記録している。狩は「藩主組」と「御兎所組」と「御鷹組」の三組に分かれて実施されたようである。

二五日、藩主吉村は一五、御兎所組と御鷹組が獲った分を合わせて三一。この記録だけでははっきりしないが、他の記録も総合すると、吉村は鉄砲で水鳥を専門に狙ったようである。

藩主には重役たち（刑部、宮内、采女、内記、岩山）のほか御申次田村左覚などたくさんの家臣が随行した。喜太夫は藩主の案内役で、しかも御昼所を仰せつかり、人生で一番の晴れ舞台であった。御昼御膳には殊のほか気を遣ったようで、一品一品料理を書き出している。次回のための記録としても書き残す必要があったのだろう。

矢嶋家は屋敷が広大で、水田地帯の中の小高い丘の上にあり眺望が素晴らしいので、冬鳥の狩猟のとき休憩地として最適の場所である。この後も吉村は何度か矢嶋家を御昼所として訪れることになる。

四日間案内役をつとめる中で、喜太夫は一度も藩主と直接には言葉を交わしていないと思われる。すべて御申次や御小姓を通じてのやりとりであろう。しかし吉村が「喜太夫の身代はどれくらいか」と尋ねていることに注目したい。このとき吉村は喜太夫に個人的な関心を持ったのだ。

喜太夫にはこの日の出来事が特別に名誉なことと感じられた。「後代にこの喜悦を聞かせるためにここに記し置く者なり」と気負った文で締めくくっている。

なお細かいことだが、和渕村、前谷地村、矢本村、牛網村、小野村は喜太夫の管轄外である。案内役は自分の管轄外に出るときには、村境で必ずその村の案内役と交代した。喜太夫は二二日から二五日まで案内役または随行をつとめ、二五日の夜は小野町に一泊して、二六日帰宅した。

【コラム】村と町

村は行政単位を表す名称である。それに対して町は、街道筋に設けられた「町場」を指す。街場には、人や荷物の輸送のために宿駅が置かれた。

村の代表は村肝入である。村肝入は百姓身分で、百姓の代表であるとともに郡奉行・大肝入の下で働く下級役人でもある。街場の管理者は検断という。村肝入が検断を兼務することもあった。

【コラム】狩の獲物

真雁
・体長七〇センチほど
・翼を広げると一五〇センチほど
・雌雄同じ羽の色

白雁
・体長は真雁に同じ
・羽が白い
・くちばしと足が桃色
・現在、日本では絶滅危惧種

菱喰
・体長八〇~九〇センチほど
・真雁より一回り大きい
・菱の実をよく食べることから命名

・現在、日本では絶滅危惧種

鶉《うずら》

・体長二〇センチほど
・翼長一〇センチほど
・体に似合わず飛翔力がある
・現在、日本では絶滅危惧種

真雁

白雁

菱喰

鶉

乾字金切替（仙台藩の御触）

一　御領内の御城下ならびに村々に通知します。
乾字金《けんじきん》を所持していてそれを新金に両替したい者は、勝手次第（自由に）当月二一日より九月晦日までの間に仙台立町《たちまち》佐藤屋権右衛門所へ乾字金を差し出して、江戸両替屋にて新金に両替しなさい。なお両替には手数料（歩金と江戸為登入料）がかかります。
一〇月一日以降、上納金は新金で納めること。
右の通り御城下ならびに村々に通知します。以上
享保八年七月一六日
刑部
石見
日向

幕府は物価騰貴をもたらした元禄小判を宝永七年（一七一〇）から正徳四年（一七一四）にかけて乾字金に改鋳して、享保二年（一七一七）から通用させた。乾字金は金の含有率を慶長小判に戻したが、量目《りょうめ》は半分しかなく、乾字金に交換する動きはにぶかった。元文元年（一七三六）にはまったく通用しなくなった。

この記録から、享保八年（一七二三）には乾字金を通用させるのをあきらめて、回収する政策に転換したことがわかる。

江戸中御改（江戸町人の人口調査）

享保八年（一七二三）　江戸中御改

一　一六〇歳　志賀瑞毛　一　一三三歳　小森勘左衛門　一　一一八歳　丹野伊右衛門

一　一〇七歳　加藤村右衛門　一　一〇一歳　河田□宣　一　九七歳　石井甚左衛門

一　九三歳　水野備守　一　九三歳　柴田七郎右衛門　一　九二歳　下関吉兵衛

合わせて九人

一　江戸町数　一六七二丁

一　家数　一二万八六七五軒

一　此の人数　五二万六八七八人

内男　三〇万五一八人

女　一八万二一九六人

出家　三万六〇八五人

神主祢宜　九〇三人

山伏　六〇七五人

座頭　一一一一人

右の通りに御座います。武家の分は全部除いてあります。以上

卯二月改

享保六年（一七二一）一〇月、江戸の町名主に人別帳作成が義務づけられた。町名主は毎年四月と九月に人口を記録することになった。その際武士は除外された。武士は町奉行の管轄外だからである。たとえ長屋居住でも主家に仕える武士はその家族を含めて町名主の管轄外として調査対象から外された。反対に町人地に住む浪人は調査対象とされた。

江戸に住む武家以外の人口が約五二万人。武家の人口を合わせると、江戸の人口は優に一〇〇万人を超え、当時世界最大の都市だった。

九〇歳以上の者が書き上げられているが、全員苗字（姓）を名乗っている。調査対象はすべて町人もしくは百姓身分のはず。苗字帯刀は武士の特権とよくいわれるが、これはどうしたことか。

元は武士で現在浪人中の者に長命の者が多かったなどという愚かな説明をしなければ、百姓や町人も苗字を有していたと考えるほかない。百姓や町人は、訴状や借用証など公的な書類（借用証も肝入や名主が連署する公文書なのだ）に署名するとき姓を書くべきではないという慣習が存在したので記さなかっただけで、彼らのほとんどが姓を有していたのだ。

長命の者に女性がいないのも不自然である。不自然といえば、一六〇歳、一三三歳というのはもっと不自然。不自然ついでに、もう一つ。

町人の男の人口が約三〇万人、女が一八万人と男女比がアンバランスである。男の単身者（出稼ぎ者）が多かったためと推定される。武家の人口は調査対象外なので推測するほかないのだが、幕府直参など江戸定府の者は家族持ちである一方、参勤交代で江戸にやって来る武士は単身赴任が原則だから、武家と町人を合わせると、男女比はさらにアンバランスになるはずである。なお後のコラムで紹介するが、この男女比は喜太夫の暮らす地方でも同様であった。

吉原など遊里の風俗や文化は、このような不自然な人口構成の中から生まれた。

享保九年（一七二四）

杉三〇〇本、拝領願い出る

一　拙者は深谷須江村瓦山にて御林をお預かりしています。御林には自分が費用を負担して杉苗二二〇〇本ほど植林しました。それらは幹廻り七、八寸（約二五センチ）から三尺（約九〇センチ）に生長しました。これまで御用木として六〇〇本ほど伐り出し、残り一六〇〇本ほどが立木として御林にあります。右の内一尺五寸（約四五センチ）から二尺五寸（約七五センチ）の杉を三〇〇本頂戴致したくお願い申し上げます。

拙者は右の所に居住しており、昨年二月屋形様御出駕のとき、御昼休所を仰せつかりました。そのときご休息いただいた広間が昨年八月の大風で大破してしまい、建て替えたいと思うのですが、困窮しておりますので自分の力では建て替えられません。

拙者の住居は広渕大堤の縁《ふち》にあり、御鳥見御用をつとめておりますので、再び御昼休所を仰せつかることと存じます。そこですぐにも作事に取り掛かりたいと思います。

もちろん伐採した跡には自分の費用で必ず苗木を植えます。

右の願い、御吟味くださいますようお願いします。以上

享保九年正月　　矢嶋喜太夫　重判

山林奉行衆

一　深谷須江村御預御林から御用木を伐り出した残り杉木の内、三〇〇本を頂戴したい旨の願いが最前提出されました。そこで上廻役にも吟味させた上で、去る一二日出入司に報告したところ、次のような返事がきました。

広間を立派に建て替えるために御用木を拝領させることはできない。屋形様の昼休所だからと言って修復する必要はない。ありきたりの広間で十分である。そのように心得なさい。以上

大河原伊兵衛

閏四月

矢嶋喜太夫様

一つ目の文書は喜太夫が御林の杉三〇〇本の拝領を願い出たもの。屋形様の御昼休所として使用する広間の建て替えのためというのがその理由である。

御林から伐り出す材木は役所の造作、橋の架け替え、堰の補修、築堤など公共工事に用いる決まりであった。喜太夫としては、屋形様の御昼休所として使用する広間の普請なのだから半ば公共工事ではないかという気持ちなのであろう。もちろん自分の費用で植林した杉であること、自分の経済力では広間を造作できないことも、理由として書き加えている。

二つ目は、藩財政を取り仕切る出入司からの回答である。結論は「屋形様の昼休所だからと言って修復する必要はない。ありきたりの広間で十分である」というもの。

「上廻役に吟味させた」とあるので、山林奉行配下の上廻役が実際に矢嶋家の様子を視察して出した結論なのだ。

喜太夫は、それでもあきらめないで翌年も同様の願書を出す。

諸物価、値下を命ず（幕府法令）

一　米穀が下直《げじき》（安値）なのに諸物価が高直《こうじき》（高値）なので諸人が難儀している。そこで江戸、京、大坂、奈良、堺、其の外奉行所から町中に御触を出した。

別紙の趣旨を承知して、幕府領は代官より、私領はその領主より、職人・売買人ともに元値段を下直に（安く）売り出すよう厳しく命じなさい。以上

辰ノ二月

一　米穀が去年からしだいに下直になったが、其の外の諸物価が高直なので諸人が難儀している。酒、酢、醤油、味噌の類は米穀を以て造り出すのであるから、米値段に準ずべきは当然である。かつまた、竹木、炭、薪、塩、油、織物等さまざまな物品、あるいは職人などに至るまで、直接には米穀を以て造らないといっても、手間人夫の賃銭いずれも米を元として積み立てたのであるから、諸物の値段も米に準じて下直に売り出すべき道理である。

右の段、去年命ずべきであったが、値段が高騰し始めたばかりであったので、その儀に及ばなかった。

今年になり米穀が下直になっても諸物価を下げないのは、過分の利徳を得ようとするからである。これ以後は値段を引き下げなさい。この命令に従わない場合は三月一日よりその筋より詮議して処罰する。この趣旨を国々所々へも触れ出したので、物品を製造するところで元値段を引き下げないようなことがあれば、その業界の年寄《としより》は商売人を訴え出なさい。もし放置するようなことがあれば、これまた処罰する。

辰ノ二月　　　　このように公儀より仰せ出されました。

この記録は、享保九年（一七二四）二月に幕府から出た物価引下げ令を筆写したもの。『見聞録』の前後の記録から判断して、二月に出た幕府法令が四月中旬に須江村まで伝達されたようだ。

この時期最も問題となったのは、米の値段が下がっても他の諸物価が下がらない「米価安の諸色《しょしき》（米以外の商品）高」という状況への対応であった。幕府はこの物価引き下げ令に加え、流通と物価を統制する仕組みとして、二二品目の取扱い商人に株仲間をつくらせるなどしたが、実効が上がらなかった。

物価引き下げ令では、第一に物品製造者に元値段を引き下げることを求めている。ついで、もし引き下げないようなことがあれば、その品を製造する業界の年寄（幹部）が商売人を訴え出るようにと命じている。

例示的に挙げられている品は酒、酢、醤油、味噌、竹木、炭、薪、塩、油、織物であり、また物価高の要因として職人などの賃銭（手間賃）についても論じている。要するにまずは物品製造者に元値段の引き下げを要求するのだが、無数の零細な手工業者を取り締まることは困難なので、物価を強制的に引き下げるためには商売人を取り締まるしか方法がないという結論になる。「米穀が下直になっても諸物価を下げないのは、過分の利徳を得ようとする」ものだと道徳論まで展開するのだが、実効が上がらなかったのは当然である。

広間造作開始

一　閏四月一〇日より広間造作に長次郎を召し使っています。一五日間以上木挽《こび》きとして働いています。久内は一二日間働いた外に、手伝いとして五日間舟板を挽きました。

喜太夫は藩から杉三〇〇本を拝領できなかったが、自前で広間の造作を始めたようだ。「困窮していて自前では造作できない」というのは、やはり誇張だったのだ。

幸之丞、御目見得

一　閏八月一二日天気よし。幸之丞を召し連れ仙台に登り、八月一五日御目見得を願い出て、九月一五日御目見得を仰せ付けられました。

中村日向殿　芦名刑部殿
大町主計殿　亘理石見殿

黒沢要人殿　　御申次、柴田文九郎殿
後藤孫兵衛殿　　松根久左衛門殿
右の通り御目見得が済みました。お世話になった方々を訪ねて御礼をしました。
九月一八日に須江村に帰りました。

幸之丞は矢嶋喜太夫の子息（跡継ぎ）、当年一〇歳。八月一二日父とともに仙台に登り、同月一五日に願い出て九月一五日に御目見得。関係者に御礼の挨拶回りをして一八日に帰宅。御目見得するのに一ヶ月以上要した。

御目見得には藩の重役たちも列席した。御目見得は、幸之丞一人だけではなく何人も同時に行われたと思われるが詳細は不明。御目見得は武家社会にあっては臣従関係を確認する最重要の儀式であった。

屋形様宿泊所、修繕

一　杉丸太三五本、廻り八、九寸（約二五センチ）より一尺五寸（約四五センチ）まで、長木。
右の通り矢嶋喜太夫御預林にて伐らせました。但し、屋形様が宿泊する広渕町の御部屋を修繕するため。御印判を押して、仮手形（丸太の受領証）を発行します。
享保九年一〇月
門間養之助
山内喜右衛門

矢嶋喜太夫御内
与五郎殿

矢嶋家が管理する御預林の杉を伐り出して、藩主が宿泊する部屋を改修した記録である。このあとすぐ藩主が広渕町大肝屋敷に宿泊した記録がある。

なお広渕町大肝入屋敷は大肝入の役宅であって、大肝入個人の屋敷ではない。

藩主御野入（狩）、矢嶋家で昼食

一　享保九年一〇月二五日午後、屋形様が宿泊している寺崎町（現在の桃生町）に参上したところ、望月内記殿から明日の御昼休所を命じられました。広渕代官所その他関係先への連絡は内記殿がしてくださることになりました。その夜九つ時（夜中の一二時頃）まで準備に駆け回り、寺崎町に泊まりました。

一　同二六日西風。御鳥見役として屋形様のお供をしました。和渕より御野入（狩を開始）。前谷地を通過。須江村境までの間に真鴨、真雁など二一。沼淵通りを鉄砲で狩をしながら我等の屋敷裏まで進みました。そこから近道を通り私宅に案内しましたところ、屋形様から「とてもよい近道だ」とお褒めの言葉を頂戴しました。屋形様に拙宅で御昼御膳を召し上がっていただきました。献上したのは、大鮒二枚、畑芋一鉢、柚一〇個。内記殿を通じて差し上げました。

屋形様から「菅沼付近に白鳥が飛来していないか、見て参れ」と命じられ、走って見てきました。

「白鳥が二羽いましたが、一二〇、一三〇間(約二〇〇メートル)ほども沖にいました」と報告しました。午後からは新土手にて白鳥一羽仕留めました。(中略)

新田堤にて矢を指し放ち白鳥一羽仕留めました。暮れ六つ時(午後六時頃)広渕の大肝入宅に入りました。今日の収獲は合計二三。

屋形様から野井善助を通じて、次のようにお褒めの言葉を頂戴しました。

「瀬戸、笹原、亀山、矢嶋、大條の御鳥見五人は、御野場の管理が行き届いているとみえ、鳥がたくさんいて狩の成果があがった。とても嬉しく思う」

御昼宿をさせていただいた御礼に、中村日向殿、望月内記殿、野井善助殿、大町伊賀御申次・中地半兵衛殿へ参上しました。(以下省略)

喜太夫は急に翌日の御昼休所を命じられ深夜までその準備のために駆け回った。吉村が予定を変更して改修したばかりの広渕宿泊所(大肝入屋敷)に泊まることにしたためであろう。急なことだったせいか昼御膳は大鮒二枚、畑芋一鉢、柚子一〇個のみ。汁物、吸い物、煮物等の記録はなし。準備が間に合わなかったのだろう。昼食のもてなしについて吉村からお褒めの言葉はなかった。

狩の成果は、午前中二一、午後二、合計二三。午後の二羽は白鳥。

最後の一羽を仕留める場面では「指し放ち」という表現が使われている。ここでは「矢を射る」と解釈した。狩では主に鉄砲を使用したようだが、大型の白鳥は弓でも射止めやすかったのではないかと思う。

「重」の字を憚り、親子で改名

一　享保九年一一月一六日、長福様が若君様にお成り遊ばされました。
同一九日に（江戸城）西の丸にお移り遊ばされ、家重公と申し奉ることになりました。
そこで、我らも実名を左の通り改めることにしました。
　矢嶋喜太夫　住直
　嫡子幸之丞　住泰
右の通り、一二月二七日、仙台に改名届けを出しました。

八代将軍徳川吉宗の長男・長福が数え年一四歳で元服、家重と名乗った。矢嶋親子は家重に用いられた重の字を憚《はばか》って改名したのであるが、矢嶋喜太夫から矢嶋住直と改名したのではない。矢嶋喜太夫重直から矢嶋喜太夫住直に改めたのである。

仙台に改名届を出したとはいうものの、矢嶋喜太夫住直を名乗る機会は滅多にない。住直は諱《いみな》であるためだ。

この時期は一般的にはまだ社会の矛盾が意識化されていない。商品経済が展開する中で社会的矛盾が顕在化してきたものの、「改革」で何とか切り抜けられると考えられていた。実際に将軍吉宗の「享保の改革」は一定の成果を上げることができた。仙台藩主吉村も「買米《かいまい》仕法《しほう》」を強化することで「改革」

を進めた。

喜太夫は幕藩体制を絶対のものとして受け入れ、自分がその体制を支える一人であることに強烈な誇りを感じていた。

米価下落

一　米の値段が安くなりました。銭一一四〇文で九斗三升でした。一二月二六日よりしだいに値上がりしましたが、それでも七斗五升です。
米の値段が昔にかえったようです。


米の相場は金一切（四分の一両）で購入できる米の量で表された。

このとき金一切で米九斗三升だったのが七斗五升になったのだから、米価は「しだいに値上がりし」たことになる。しかし四年前（享保五年）は金一切で米一斗五、六升であったから、そのときと比較すると米価が五分の一に下落した勘定になる。『見聞録』の記述中、この時期が米価最安値である。幕府が米価の平準化を図るために大坂に堂島米市場を公認するのは、この翌年である。

喜太夫は米価とともに銭相場を必ず記録している。「武士は金遣《きん》い」とよくいわれる（喜太夫も切米五両を「金」で支給されている）が、普段は銭を使っていたのだ。このとき銭の相場は金一切で銭一一四〇文。銭の相場は米とは異なり、金一切が銭一一〇〇文から一三〇〇文の範囲で安定していた。

享保一〇年（一七二五）

今年も杉三〇〇本拝領願い出る

一　拙者は桃生郡深谷須江村に住む者です。一昨年大嵐で居宅が大破しましたが、修理することができない有様です。

拙者は先年より御林を預かり、自分が費用を出して植林し、幹廻りが八、九寸から二尺五、六寸、三尺までに生長した杉が二二〇〇本ほどございました。そのうち御用木として六〇〇本余り伐り出しましたので、現在一五〇〇本ほど残っています。

右の内、幹廻り一尺五寸から二尺五寸までの杉三〇〇本を拝領いたしたくお願い申し上げます。拙者儀かねてより困窮する者にて、自力では居宅を修繕することができません。右の材木を頂戴しましたならば、居宅の大所（主要な部分）を修理したいと存じます。先年御林をお預かりしてから御材木を拝領したことは一度も御座いません。

この度御材木を頂戴致しましたならば、その切り跡には自分の費用で苗木を植林し、御役人衆に見分していただく所存です。右、御吟味くださいますようお願いします。以上

享保一〇年正月　　矢嶋喜太夫

山林奉行衆

右の願いの返事
一　其元《そこもと》が須江村御預林の杉三〇〇本を拝領したき由、今年正月願い出られたので、上廻役に命じて御預林と其元の住居を見分させたところ、住居は昨年秋に屋根を葺《ふ》き替えるなどした様子であり、願書を出す理由がないとの報告があった。したがって、其元の願書を御出入司衆に提出しかねるので、お返しします。

二月二一日
大河原伊兵衛
矢嶋喜太夫様

矢嶋喜太夫は二年続けて杉三〇〇本を拝領したい旨の願書を提出した。前年の願書では、屋形様の御昼所となる座敷を早急に修理したいというのがその理由であった。今年は、自分の費用で二二〇〇本植林し、六〇〇本も藩のために伐り出したのに自分は一本も拝領していないというのが理由になっている。喜太夫はこの件ではかなり強気である。

喜太夫は「拙者儀かねてより困窮する者にて、自力では居宅を修繕することができません」といっておきながら、実は「昨年秋に屋根を葺き替えるなどした」のである。上廻役が喜太夫の住居を実地見分して、「其元の願書を御出入司衆に提出しかねる」と返してきた。虚偽申請を見抜かれたのである。

この件で喜太夫が「お咎め」を受けた様子はない。「ダメ元」で提出したのだろうが、喜太夫が代官所役人大河原伊兵衛を「恐れ入る」様子がないのが何とも不思議である。

御出駕祝儀振舞

一　二月二八日仙台に登り、御留野の取締に関して神文（誓約書）の提出を命じられました。委細は御野場御用留に記録してあります。

先月一九日、御出駕祝儀振舞《ふるまい》がありました。

この春は物入りのことが多く、金三切、銭九五〇文、白米七斗一升かかりました。

仙台藩が猪防ぎの「玉入鉄砲」を許可するにあたり、御鳥見役から御留野の鳥に差し障りのないように配慮する旨の「神文」をとった記録である。この記録から、享保一〇年（一七二五）より須江村では玉入鉄砲が許されたことがわかる。

後段の「御出駕祝儀振舞」は藩主が狩猟のとき開いた、今風にいえば「打ち上げパーティー」である。各地で開催したのだろう。喜太夫等御鳥見役は、招待されるたびに御祝儀持参で参加したと思われる。この春は物入りのことが多いと嘆いている。

京都に絹織物注文

一　京都に左の絹織物を注文しました。

一　るりこん　一反　我ら分
一　浅黄菱唐松小紋　一反　我ら分
一　青茶小紋　一反　我ら分
一　のしめ花色　一反　我ら分
一　かすり羽織　一反
一　嶋□羽織　一反
一　のしめ花色　一反　幸之丞分
一　ひんらうち染　一反　幸之丞分
一　花色　一反　幸之丞分
一　花菱小紋羽織　一反　幸之丞分
一　ときは染羽織　一反　幸之丞分

嫡男幸之丞は、このとき一一歳。
喜太夫は「かねてより困窮する者」といいながら、「京都に絹織物」を注文している。

山追い鹿狩

一　享保一〇年二月一五日（屋形様の宿泊先である）松島の旅館に参上し、狩の打合せを済ませて、夜小野町金剛院に宿泊。
一　六日（屋形様は）小野より狩を始められ、矢本町伊九郎宅で御昼。午前中真雁四、雁一。午後、伊勢堂前大曲船橋までの間に真雁六。船で定川をお渡りになったところで、平五郎、傳兵衛とともに御目見得。それより丹野善兵衛前にて真雁三、我妻六兵衛前にて真雁一、小沼南にて三、牡鹿郡の境、佐藤平太夫西畑にて二、以上二〇。

そのあと牡鹿郡内で九。合計二九仕留められた由。

この日の狩のコースに矢嶋喜太夫の管轄地が含まれていない。喜太夫は大曲の渡し場で御目見得しただけで、狩には同行していないと思われる。記録が伝聞体になっていることからもそのように推測される。左はその続きである。

一七日　御休息。日和山、牧山を見物されたとのことです。
一八日　門脇、石巻、住吉にて真雁四、そのあと遠島□浦に御下着の由。
一九日　遠島小泉で山追いにて鹿狩。鹿一四七狩猟の由。
二一日、二三日山追い。
二五日　十五濱尾鎌峠にて山追い。鹿三一三狩猟の由。
二六日と二八日は白金崎にて山追い。以上六日間で猪と鹿九二九狩猟の由。
二九日（屋形様の宿泊先である）横川に参上。狩の打合せをしました。

遠島は宮城県牡鹿郡の半島部（牡鹿半島）を指す。狩りの記録は伝聞に基づくと思われるが、猪と鹿を合わせて九二九という驚異的な数をどのように受け止めたらいいのだろうか。

この年三月二七日将軍吉宗は、現在の千葉県松戸市で大規模な狩を行った。「小金原御鹿狩《おししがり》」と呼ばれる狩で、たくさんの勢子《せこ》を配して巻狩を行い、鹿八二六、猪五、狼一を仕留めたという記録を残している。吉宗は翌年も同じ所で狩を行い、成果は鹿四七〇、猪一二、狼一であった。したがって、仙台藩主吉村の六日間で九二九という数字は驚くに値しない。

もちろん将軍と仙台藩主が同じ年に同じように狩をしたのは偶然ではない。幕府も仙台藩も「改革」(幕府は享保の改革、仙台藩は大改《おおあらため》)を推進する一環として、前例にない規模で軍事的示威をしたのである。示威は改革を阻止しようとする勢力に向けられた。

吉村は仙台藩の抜本的再建策として領内総検地(大改)を打ち出していたが、藩内諸勢力の強い反対にあっていた。総検地となれば、知行高の実質的削減あるいは諸役負担の増加が予想されたからである。吉村は抵抗を和らげるため、「小改《こあらため》」といって土地保有関係が混乱している所だけをまず検地することにし、「大改」の実施を数年後にしようとした。しかし各方面の反対は強まるばかりであった。

藩主吉村はこうした反対に強く反発し、不退転の決意で断固推進するよう奉行衆に命じた。「山追い」「鹿狩」で「強い藩主」を演出した吉村だったが、翌年(一七二六)大改は失敗に終わる。

なお、周辺住民から要望されて鹿・猪被害対策として山追いを実施したとする見解もあるようだが、獣害対策ならば百姓や給人家中に「玉入鉄砲」を許可した方がよほど効果がある。一度限りの狩では効果は長続きしない。

このあと屋形様は、牡鹿郡をあとにして桃生郡深谷須江村にやってくる。

【コラム】江戸時代の肉食

彦根藩井伊家が毎年牛肉の味噌漬け、粕漬け、干し肉を将軍や御三家をはじめ諸大名に贈答したのは有名である。

「文化・文政年間より以来、江戸に獣肉を売る店多く、高家近侍の士もこれを食らう者あり、猪肉を山鯨と称し、鹿肉を紅葉と称す」（『松屋筆記』）

享保の頃はどうであったか。

享保一二年（一七二七）に発表された『落穂集・巻十』では、「さてまた、我ら若きころには、御当地（江戸）の町で犬と申すものは稀に見当り申さずことにこれあり。武家、町方ともに下々の給物《たべもの》に犬に増《まさ》りたるものはこれなきが如く候、冬向きになりそうらはば、見合い次第打ち殺し、賞翫《しょうがん》仕る」と記している。かつて江戸の町では見つけ次第、犬を喰ったというのである。

仏僧が「四つ足」を喰うと地獄に落ちると説いたので鹿や猪を食べなかったというのは、後の時代に流布した俗説である。「生類憐みの令」の施行期には公に食することが憚られただろうが、その他の時期には鹿や猪だけでなく犬も公然と食べられたのである。

将軍吉宗と藩主吉村が射止めた数百頭の鹿と猪も、その一部は食用に供されたと思われる。

吉村から御詠歌を賜る

一　三月朔日　晴天　鹿又村肝入、太次右衛門宅で狩の打合せ
屋形様は衣装をお召し替えになり、町裏より狩を開始。矢袋前、上谷地にて真雁四、須江村にて雁一、真雁四。

拙宅にて御昼休。玉子三〇個と土筆《つくし》一重と紅梅の枝を配し、石台に載せて献上したところ、内記殿を通じて屋形様から次のお言葉を賜りました。

「御用で取り紛れる隙もないほど忙しいのに、いろいろ取り集めて飾ってもらった土筆花は一入《ひとしお》見事である」

また田村左覚を通じて氏、実名をお尋ねになられたので、申し上げたところ、間もなく御詠歌を内記殿を通じて拝領しました。

さらに内記殿を通じて屋形様の次のお言葉を頂戴しました。

「その方は御野場の管理がよく行き届いている。褒美《ほうび》として詠歌を下し置く」

鷹狩りの序《つい》でに源　名にも似す　しら玉つはき　くれないの
住直が家に立ち寄りて　こそめの梅に　色をくらへて
むめ椿の盛りなるを見て　吉村

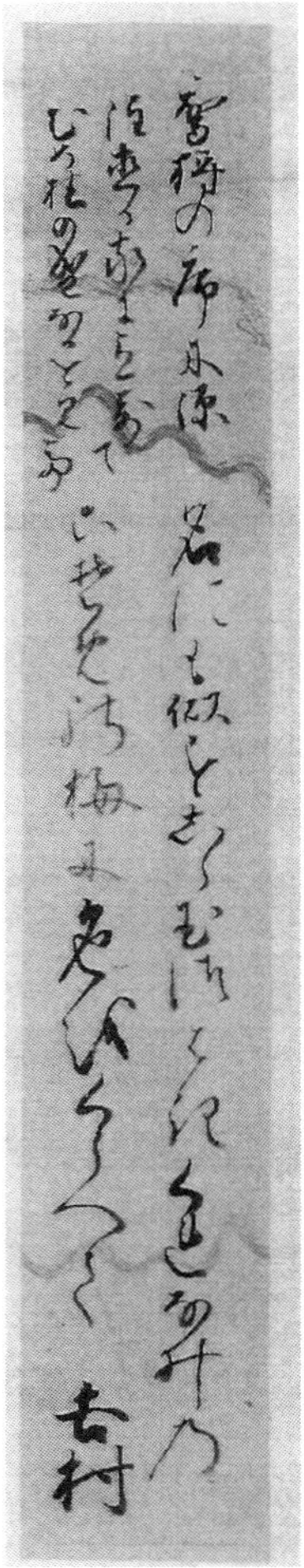

伊達吉村に褒美として賜った詠歌

前年一〇月二五日には急に御昼所を命じられて十分な接待ができなかったからか、今度は玉子三〇個と土筆一重と紅梅の枝を配し石台に載せて献上するという凝りようである。屋形様から「土筆花は一入見事である」とお褒めの言葉を頂戴した。料理については記載なし。

「むめ椿」は梅椿の意。歌の大意は、「名前に似ないで、白玉つばきというが、花は真っ赤な色をしている。その椿の花は濃い色の紅梅と色を競っているようだ」である。

吉村から賜った御詠歌はこのあと仙台で表具された。

歌をやったけは

このとき内記殿から御詠歌の表具を清水道祐老に依頼するのがよいと助言をいただいたので、清水道祐老に表具を頼むことにしました。

この節、上川名五郎太夫が虫喰板二枚、松茸、生貝を献上しました。

我ら（矢嶋と上川名）は門内で御目見得。御申次は内崎勘右衛門。「見事な虫喰板をくれた」と屋形様からお言葉を頂戴しました。また「その方の家にこれからも度々来るから、歌をやったけは（やっておきなさい）」とお言葉をかけていただきました。

これを機に喜太夫は和歌に親しむようになる。教材はすべて藩主吉村の歌。吉村は歌にも書にも秀でていた。

この時点でも、喜太夫は藩主と直接言葉を交わしていないと思われる。内記ないしは御申次の内崎が間に立っている。

「歌をやったけは」はどのように発音されたのだろう。吉村は喜太夫にも通じる仙台弁で話しかけたのだろうか。

武家諸法度で参勤交代が規定されてから、正室は江戸を離れることができなかった。したがって大名の嫡子は原則的に江戸生まれの江戸育ち。江戸藩邸内に国元の人がたくさんいてお国なまりが飛び交っていたとしても、藩邸内で働く半数は現地採用あるいは「人宿《ひとやど》（江戸の人材派遣業者）」から派遣された中間《ちゅうげん》、小者、足軽などであった。彼らは江戸っ子である。女中はもちろん現地採用。江戸定府の藩士も多い。彼らの主たる仕事は他藩と交際して情報を得ることであるが、そのとき使うのは江戸方言。出入りの商人や百姓も江戸方言。江戸城内では江戸方言が共通語であった。したがってこの時代のたいていの藩主は江戸方言しか使えなかったと思われる。

ところが、吉村は仙台領内一関《いちのせき》（現在の岩手県一関市）生まれ。仙台本藩に跡取りがいなかったので一関支藩から養継嗣に迎えられたのであるが、仙台藩主になる直前まで一関暮らしだった。吉村は仙台弁で喜太夫に話しかけたのである。仙台弁が話せるからこそ、「狩」と称して領内を視察して廻り、在地の給人や有力者と交流を深めることが楽しかったのではないかと思う。

御詠歌表具のため登仙

二日　屋形様は小松村に向かう予定でしたが、予定を変更して矢本から濱市、大網、牛網を経て小野に到着。金剛院で旅装を解かれました。その日は松島に宿泊。
私は松島には宿泊せず仙台まで行きました。

三日　御奉行、日向殿、主計殿、刑部殿、要人殿、石見殿、孫兵衛殿、久太夫殿、内記殿、出雲殿、善助殿、左太夫殿へ御礼を申し上げました。

四日　御郡方御伝馬の担当から路銭の書付を受け取りました。

五日　その書付に印判をもらいました。

六日　善助殿より差し紙がきて、御詠歌の表具を清水道祐老に依頼したとのこと。

八日　善助殿より連絡があり内記殿へ参上しました。内記殿から、御詠歌は書き直した上で表具するとのお話をいただき、書き直した御詠歌を見せていただきました。
それを清水道祐老に表具してくれるように依頼しました。

九日　孫兵衛殿、久太夫殿、内記殿、善助殿、左太夫殿、道祐老へ御礼に罷《まか》り出で、その日のうちに須江村に帰りました。
御詠歌は元の通りお書き直しくださいました。
この度の勤仕を首尾よくつとめることができました。
享保一〇年三月一一日
矢嶋喜太夫
住直　花押

喜太夫は屋形様に小野町まで随行した後、仙台まで急いだ。屋形様から頂戴した御詠歌を表具することと路銭を受け取ることがその目的であった。表具するにあたり御詠歌を屋形様が書き直してくれたようである。

三月四日、喜太夫は郡方伝馬役から路銭の書付を受け取り、五日に押印してもらった。路銭が仙台で支給されたか、広渕代官所で支給されたか、判然としない。ともあれ御鳥見役に「路銭」が支給されたことは確かである。

屋形様は三月三日に仙台に帰り、すぐまた同月二一日に狩に出る。

涌谷方面で御鷹野（鷹狩）

一　三月二一日　屋形様仙台を御出発。松島にて御昼、涌谷に到着。

二五日　大貫、小里谷地にて御鷹野、鶉二六。午後四時頃和渕に到着。
我らは和渕町裏にて待機していましたが、御近習衆《きんじゅ》から鳥の様子についてお尋ねがあり詳しく申し上げたところ、屋形様に御目見得するように命じられ、野井彦八郎とともに御目見得しました。その日は、和渕町に宿泊。
二六日　和渕を御出発。お見送りしました。屋形様は寺崎に御到着。
四月朔日　二日　御野入（狩）。また、涌谷にお帰りになりました。
四日　松島御到着。
五日　仙台御登城。

屋形様は涌谷四泊、和渕一泊、寺崎四、五泊、涌谷二泊、松島一泊と宿泊している。御鷹野（鷹狩）で鶉二六羽仕留めた。御鷹野のコースはすべて喜太夫の管轄外。それでも屋形様の宿泊地（和渕）まで出かけてご挨拶している。喜太夫は狩に同行していないので伝聞によって記述している。

藩主吉村は、前年一〇月からこの年四月まで、休むことなく狩に出かけている。吉村の慰安（野外レクリエーション）とのみ見ることはできない。前述したように不退転の決意で打ち出した「大改（総検地）」に向けて、地域の有力者を説得して歩いているのではないかと想像する。このときはまだ「大改」をあきらめていない。涌谷伊達氏二万石、和渕武田氏一〇〇〇石、寺崎黒沢氏三〇〇〇石、小野本郷富田氏二〇〇〇石などに連日「大改」への協力を要請したと考えられる。

米価安

一　金一切（四分の一両）で銭一貫二二〇文。米は、金一切で六斗三升

享保一〇年八月

金と銭の交換比率は安定している。米値段は相変わらず安い。

この年一一月、幕府は米価安を防ぐため、大坂に堂島米市場（御為替米会所）を設置した。

【コラム】米価の変動

米価は、金一切で購入できる米の量で表された。

『見聞録』から米価の記録を抜き出してみると、左の通りである。

享保四年	秋	二斗二、三升
同年	一二月	一斗二升
享保五年	七月	一斗五、六升
同年	一二月	一斗九升
享保九年	春頃か？	九斗三升

享保九年　一二月　七斗五升
享保一〇年　八月　六斗三升
享保一二年　一二月　五斗一、二升
享保一三年　二月　七斗三升

なお記録に残る石巻地方の米の最高値は、大飢饉が起きた天明四年（一七八四）三月二一日の金一切で米五升五合というもの。このとき仙台藩は十数万人の犠牲者を出した。

公方様昇進（うわさ話）

一　公方様ご昇進につき、御令旨《りょうじ》の趣
将軍父子の者、官位昇進につき、御領の内、国の内、壱万石差し上げられる。
国家はんじょう　武家富貴　おもしろく
思し召され候　あなかしこ
□□□　源　内大臣
八月二一日　大気よし　御上府　徳川大納言　家重公のこと

家重は八代将軍吉宗の長男。前年数え一四歳で元服し、家重と名乗った。右の記録は、幕府ないし朝廷から発せられた正式な文書とは思われない。史実と記録とを突き合わせて考えてみよう。

家重はこの年四月九日に従二位・権《ごん》大納言に叙任した。この記録では日にちと官位に食い違いがみられる。「源内大臣」は吉宗のことを指しているが、吉宗が内大臣に叙任したのは享保元年（一七一六）。一〇年も前のこと。「令旨」とあるが「宣旨」の間違いであろう。文体も「令旨」「宣旨」とはまったく異質。

家重は吉宗の長男であったが、生来虚弱の上、言語が不明瞭で、文武に長けた次男に比べて将軍継嗣としては不適格とみられていた。そのうわさはすでに江戸市中に広がっていたのであろう。そのような状況下で、家重が元服して権大納言に叙任したというので、江戸っ子はそれをおもしろおかしく「御令旨の趣」なる「うわさ話」に仕立てたのであろう。

享保一一年（一七二六）

参勤交代、下向

一　屋形様が四月一五日に江戸を出発して、同月二三日に御着城あそばされました。

江戸から仙台まで八泊九日。この時期、幕府は諸大名に、高一万石につき一〇〇石を臨時に上納させる「上げ米《あげまい》」を実施し、その見返りとして参勤交代の在府期間を半減したといわれている。吉村は四月に仙台に「御国入り」して翌年八月出府したから、在府期間半減といっても一年から六ヶ月に短縮されたのではなく、八ヶ月に短縮されたのだ。

譜代下人に褒美

一　□山門崎村百姓孫助の譜代下人（代々その家に仕える下人）喜助が、長年の間、主人に身をゆだね心を尽くし、自分のことは捨て置いて、一筋に主人を介抱したとの報告があった。人びとが普通にはできがたい親切であり、大変に奇特なことである。よって褒美として知行三貫文（三〇石）を与える。その身心安んじ、孫助夫婦をいよいよ以てはこくみ介抱すべし。

享保一一年六月一二日

右の通り、簡板廊《カカ》下口において、仰せ渡されました。

場所不明。単なるうわさ話かもしれないが、この時期以降、孝子《こうし》・節婦など「奇特なる者」へ褒美を与える政策が日本各地で行われるようになった（若尾政希『百姓一揆』）。その結果、洪水や凶作など自然災害のとき、地域の有力者が「お救い米」を出すべきであるという世論が形成され、飢饉の際に実行された。

「はこくみ」は、「育む」の古語「はごくむ」。

杉二二本伐り出す

一　二二本、杉丸太、長木あり。周囲一尺八寸より二尺二寸まで

右の通り、須江村矢嶋喜太夫御預御林にて伐採し、広渕村大橋架替の用材として運び出しました。以上

享保一一年九月二日

矢嶋喜太夫御預御山守

与五郎判

木村武兵衛様

一　二二丸《まるき》、但し杉枝木一丸につき三尺丸キ　右の通りたしかに受け取りました。
これは広渕村大橋架替につき須江村矢嶋喜太夫御預御林にて伐採した用木の枝木です。
享保一一年九月二日
矢嶋喜太夫御預御山守
与五郎判
木村武兵衛様

矢嶋家の山守与五郎が広渕村の大橋架け替え工事用の杉二二本を伐採し、役人木村武兵衛に引き渡した記録である。

ところで、太さ（周囲の長さ）二尺ほどの杉二二本伐採して、三尺丸の枝木が二二丸というのは不自然である。もっとたくさんの枝木が出たはず。与五郎は、このとき枝木を「受け取りました」といっているが、以前は「預かりました」といっていた。したがって「受け取った」とは「貰い受けた」という意味であろう。つまりこのとき与五郎は杉一本あたり一丸の枝木をもらい、そのほかは役人に引き渡したと考えられる。

享保一二年（一七二七）

玉入鉄砲許可願い

一　拙者どもは古くから桃生郡深谷須江村の在郷屋敷に居住していますが、山間地のため猪が家の近くにまで出没し農作物を掘り返すので困っています。つきましては、三月朔日より一〇月晦日まで夜中だけ玉入鉄砲をお許しくださいますようお願いします。

昨年は四月朔日より一〇月晦日まで玉入鉄砲を御許可いただき、猪を防ぐことができ、有り難く思っているところです。

しかしながら苗代づくり以降の御許可でしたので、種まきしたあと猪に苗代を掘り返されてとても困りました。拙者どもだけでなく村中の御百姓どもも同様に困っておりました。

今年は苗代づくり前より玉入鉄砲をお許しくださいますようお願いします。矢嶋喜太夫は御鳥見横目を仰せ付けられておりますので、鳥へ悪い影響が出ないように致します。

御憐憫を以て右願の通り御許可くださいますよう、連判を以てお願いします。以上

享保一二年閏正月

青木三之助

喜左衛門名代　藤間小三郎

長五郎名代　藤間長左衛門

上川名五郎八郎
茂庭勘助
田子左平次
才藤弥七郎
矢嶋喜太夫

大河原伊兵衛殿

この記録から玉入鉄砲が遅くても前年（一七二六）には許可になったことがわかる。この願書では、前年より一ヶ月早い三月一日からの許可を求めている。三月初旬苗代に種まきするからである。この願書でも「（昨年は）拙者どもだけでなく村中の御百姓どもも同様に困っておりました」と百姓を引き合いに出している。猪対策では、玉入鉄砲以外に方法がないこと、百姓と給人が共に玉入鉄砲を使う必要のあることが、地域全体で共通理解されるようになったことがうかがえる。また、その際の一番の心配は、鉄砲を撃つことにより水鳥が逃げてしまい屋形様の狩に差し障りが生じることだった。

次に広渕代官所からの回答をみてみよう。

一　深谷須江村の在郷屋敷は山間地のため猪が出没し、田畑を掘り返すので、夜中に山間部で玉入鉄砲を御許可くださるようにとの願書が提出されました。そこで願書を仙台に送ったところ、左のように返事がきました。

「今年四月朔日より七月二九日まで、夜中暮六つ半時（午後七時頃）より明前《あけまえ》七つ半（午前五時頃）まで、玉入鉄砲を許可する」

よって別紙見本の通り防証文《ふせき》を提出した上で、鉄砲をうつことを許可する。恐惶謹言

三月二七日　大河原伊兵衛

真山仲右衛門様　矢嶋喜太夫様　才藤弥七郎様　田子左平次様

茂庭勘助様　藤間長左衛門様　藤間小三郎様　青木三之助様

三月一日からという願いは認められなかった。昨年通り四月一日からの許可が下りた。しかも閏正月に願書を提出したのに回答は三月二七日付。判断は仙台（おそらく郡奉行）においてなされ、広渕代官所から言い渡された。

防証文は左の通り。空鉄砲が玉入になった関係から防証文を提出させるようになったことがわかる。

一　深谷須江村拙者ども在郷屋敷の内、猪が住居近くまで出没し農作物を掘り返し迷惑しておりますので、当四月朔日より七月二九日まで、夜中暮六つ半時より明前七つ半時まで、玉入鉄砲をお許しください。猪以外、鳥や獣へは鉄砲の弾が当たらないようにします。もし、違反していると訴え出る者があれば、必ず申し開きをします。以上

享保一二年四月朔日　上川名五郎八郎

青木三之助

大河原伊兵衛殿

藤間小三郎
藤間長左衛門
茂庭勘助
田子左平次
才藤弥七郎
矢嶋喜太夫

玉入鉄砲が夜間のみ許可になったのは、猪の被害が夜間に集中したためと思われる。猪は夜行性ではないが夜も活発に活動する。昼間人間に見つかると棒で打ち殺されたりするので、夜間里に下りてきて活動することが多かったようだ。百姓たちについての記録はないが、同じ村で同じように稲作をしているのだから、給人と同様の許可が下りたものと考えられる。

なお、この時点では玉入鉄砲の許可地域が特定されていない。

仙台大火、一五七一軒焼失

一　享保一二年三月一六日昼四つ（午前一〇時頃）、仙台二日町裏、御轉楽（田楽）中沢清太夫宅が火元で、東小泉町まで焼失した。その軒数は左の通り。

一　四四三軒　諸侍屋敷
一　五四軒　寺院　内三軒　山伏

一　四六軒　堤頭庵共（医師）　一　一七七軒　門前町
一　五〇軒　同心屋敷　一　八〇軒　六十人組御足軽、諸職人、御坊主
御□指御旗本御足軽、隠居共
一　二〇四軒　町屋敷　一　二四軒　所々屋敷方拝借屋敷
一　四九三軒　御足軽　合計一五七一軒

我等はちょうど一六日に仙台に向かっていました。松島まで来たとき仙台御城下の火事が見えました。仙台にはその日の真夜中に到着。一九日に急いで須江村に帰りました。

矢嶋喜太夫が何の目的で仙台に登ったかは不明。

焼失軒数は、武家屋敷、寺院、医師、門前町、同心・組屋敷、町屋敷、拝借屋敷、足軽の別に集計されている。身分や役職、職業などによって住む場所が決められていたからである。『宮城県の歴史』（山川出版社）では焼失軒数一五二五軒という数字を載せている。喜太夫にもたらされた情報の正確さが裏付けられる。

石巻鋳銭場、設営

一　享保一二年一二月二八日より石巻に鋳銭場が置かれることになりました。南部屋八十治、家城屋太

郎次、田中惣七の三人が請負人になりました。三人は石巻にやってきて、鋳銭場設営に取り掛かりました。郡方の役人もたくさん石巻にやってきました。

ところで、米は金一切（四分の一両）で五斗一、二升、銭は一一七〇文。

銭は補助貨幣として日常取引や小口取引に利用されることから、各地で鋳造されることが望ましく、一六〇〇年代末には江戸、京都、大坂、長崎の四ヶ所で鋳造されていた。正徳元年（一七一一）江戸町人から仙台藩内で鋳造したいとの願い出があった。仙台藩でも銭が不足がちであり、鋳銭が行われれば藩内も潤うことになるので七ヶ年の期限で許可されたいと願い出たが、幕府は四ヶ所で鋳造するのが定めであるという理由で許可しなかった。

享保一一年（一七二六）三月、財政窮乏に苦しむ藩主吉村はふたたび鋳銭願を出し、他領産の銅を買い入れない条件で許可された。吉村はこのたびの鋳銭願主、仙台商人加藤彦兵衛を「鋳銭座元」に命じて準備にあたらせた。

翌一二年正月、仙台領で鋳造する新銭の表面に「寛永通宝」の四文字、裏面に「仙」の一文字をつけることが許可された。ところが鋳銭座元の加藤彦兵衛が江戸で借金をこしらえ、江戸町奉行より弁済を命じられる不始末を起こしたので、かわりに南部屋八十治、家城屋太郎次（京都住居）、田中惣七（京都住居）の三人に請け負わせることにした。

矢嶋喜太夫は鋳銭場設営のニュースに接してすぐさま米相場を記録した。銭の供給量が増えることにより米価がどう動くかに注目しているのだ。

享保一三年（一七二八）

違法なむかい網、発見

一　享保一三年正月二六日、赤井村定川に違法なむかい網が張ってあるのを大條平五郎が発見し、網六張《はり》と小船一艘を押収してそれを公開しましたが、犯人が現れないので網と船は平五郎に下げ渡されました。

むかい網は水鳥を捕る霞網のようなものと思われる。定川は川幅三間（約五メートル）ほど。小船と網がセットで押収されているので、犯人は川に沿って低空で飛ぶ鷺《さぎ》、鴨などを「むかい網」で捕獲し、船に積んで持ち去っていたのであろう。

大條平五郎は御鳥見役をつとめる喜太夫の同僚である。役目柄、見廻りをしていて違法なむかい網を発見するお手柄を立てたのである。

石巻で銭、鋳出

一　二月朔日、石巻にて銭の鋳出が始まりました。

金一切につき、銭一二五〇文。米は七斗三升。

石巻の鋳銭場で銭が初めて鋳造されたのは公式には二月一九日とされる（『宮城県史』）。四月八日、石巻鋳銭を江戸で売ることが許された。鋳銭の半高を領内で売り、残る半高を江戸で売り、江戸払高の一〇分の一を運上として幕府に納入すべしと命じられた。

鋳銭事業は領内の産銅不足から一時休業したが、吉村は寛保二年（一七四二）まで一四年間にわたり継続した。この鋳銭事業で藩は予想以上の収入を得ることができ、財政窮乏から脱する見通しがついたといわれている。

ところで矢嶋喜太夫が心配した通り石巻鋳銭が出荷されたとたん、銭の価値が下がり、つられて米価も暴落した。

通貨供給量が増えれば物価が上がるのが道理である。ところが米価は反対の動きを示した。銭相場と同じ動きをしたのである。なぜなのだろうか。江戸時代の人々は日常生活において、米を銭代わりに支払い手段として用いていた。支払い手段として米と銭を同一視する心理がはたらいた結果、米価が銭相場とともに下落したのではないかと考える。

公方様日光社参

一　享保一三年四月一四日公方様が日光東照宮に参詣されました。お供の総人数は一〇万人あまり。お供の人びとにかかった費用は金一八万二一六六切（金四万五五四二両）でした。
同月二三日に、公方様は江戸にお帰りになりました。
但、寛永一九年（一六四二）四月、家光公御社参
慶安元年（一六四八）四月、家綱公御社参
承応二年（一六五三）四月、家綱公御社参
寛文三年（一六六三）四月、家綱公御社参
この節、四品《しほん》以上の譜代大名は公方様が江戸にお帰りになった後、秋に日光に参詣。外様《とざま》大名は上野（東照宮）へ参詣。

伊達吉村が将軍日光社参にどのように対応したか不明であるが、喜太夫が記録した通り外様大名は上野参詣だけで済まされたと思われる。

参勤交代・下向、潮来水郷地帯を通る

一　享保一三年五月二五日、屋形様が江戸を出発しました。
二六日布川お泊まり、二七日龍ケ崎お泊まり、二八日潮来《いたこ》お泊まり、
二九日那珂湊《なかみなと》お泊まりまで水戸様領内、
三〇日大中内藤、棚倉太田備中守殿

六月二日、仙台に御着城。

参勤交代で江戸から仙台に下向するルートに奥州浜街道を利用した記録である。吉村がこのルートを利用したのはこのときだけ。この後七代藩主重村が二度利用している。コース的にはやや遠回りになる。所要九泊一〇日（通常は七泊八日）。一部水郷地帯を通るルートで、このときはちょうどカキツバタの咲く季節。カキツバタ見物を兼ねた下向だったのか、他藩と交流のためだったのかは、それ以外の理由だったのか、不明である。

雲雀を捕獲

一　享保一三年七月一七日屋形様仙台を出発。小野町にお泊まり。一八日矢本にて御昼。我等は大條平五郎と廣田傳兵衛とともに、その日の午後大曲橋にて屋形様に御目見得して、牡鹿郡境までお供をしました。その間に雲雀《ひばり》を二五、六捕獲しました。一九日御逗留。二〇日飯野川の葛西三郎兵衛宅にお泊まり。二一日追波《おっぱ》、本吉方面に移動し、岩尻の小野寺庄助宅に六日間お泊まりになりました。二五日、二六日の両日、激しい雷雨があり、北上川が出水し、柳津と寺崎の二ヶ所で土手が切れたので、八月二日に志津川まで陸路を駕籠で移動。三日志津川を出発して柳津で乗船し、和渕で下船して御昼。和渕町はずれで雲雀を九捕獲。広渕村柏木にて鷹狩をしましたが獲物なし。茂吉郎宅で狩の装束をお解きになり、矢本にお泊まり。我らも矢本までご挨拶に伺いました。

この時期（七・八月）の狩は非常に珍しい。鴨や雁、白鳥、鶴など冬鳥はまだ飛来していない。落葉樹が葉を落とす前なので森や林の中を見通せないし、田畑には作物が残っていて入り込めない。狩だけが目的ならこの時期を絶対に避けるはずであり、吉村には別の意図もあって「狩」に出た可能性がある。飯野川、本吉方面で連泊したのも何かわけがあってのことと思われる。

吉村は領内総検地を強行しようとしたが、家臣たちの抵抗で実現できなかった。そこで蔵入地の収入で財政をまかなうこととし、各部門の支出を半分にし、役人の数も減らすように指示した。大変な緊縮財政である。同時に、買米《かいまい》仕法《しほう》の強化を打ち出し、そのための資金（百姓、給人家中から徳作米・余剰米を買い付ける資金）を、家臣はもとより百姓、町人からも借金してかき集めた。百姓、給人家中は徳作米を勝手に売ることをいっさい禁じられた。

厳しい藩政改革のさなかに、それも稲刈り直前の忙しい時期に、藩主が雲雀獲りに現《うつつ》を抜かしていたとは考えられない。

獲物は小さな雲雀。どのようにして捕獲したか不明。鉄砲や弓で獲るのは不可能なので、霞網でも仕掛けたと思われる。広渕村柏木で鷹狩を試みているが、獲物なしに終わった。

喜太夫がお供をしたのは、七月一八日午後大曲橋から牡鹿郡境までと、八月三日午後和渕町から矢本まで。それ以外は伝聞に基づき記述したと思われる。

洪水、二三万石余の被害

一　享保一三年五月より長雨。七月二七日と八月一三日に洪水。田畑の損耗が甚大。領内全体で二三万三八〇〇石が失われた。内、七六〇〇石は田村内膳様御分。

被害の状況は左の通り。

一　一七三五ヶ所　川除《かわよけ》土手押切（自然堤防決壊）

一　四八〇ヶ所　堤土手押切（人工堤防決壊）

一　二三九ヶ所　水除《みずよけ》石垣

一　九一ヶ所　川欠《かわかけ》（氾濫による耕作不能地）

一　六五ヶ所　山崩

一　七一ヶ所　水門破損

一　四一ヶ所　土橋・海道（海沿いの道）押流

一　一五五四軒　居家、土蔵、廐《うまや》押流

一　五艘　船

一　二四疋《ひき》　馬

一　一五人溺死　内、男六人、女九人

七六〇〇石の損耗を被った田村内膳は仙台藩一関三万石の領主。仙台藩実高一〇〇万石のうち二三万石余が失われた記録である。この年の洪水は仙台藩北部（現在の岩手県南部から宮城県北部）で起きた。七月初旬から降り続いた雨で北上川が氾濫し、磐井郡、胆沢《いさわ》郡、江刺郡などから人馬の死骸が石巻まで流れ着いた。

この年登米郡佐沼の百姓らは年貢の減免を要求して強訴した。と同時に「三つあわせ」といって、藩で一つ、村で一つ、居住の士民（給人と百姓）で一つ、すなわち三分の一ずつ負担して土手の修復をした（『登米町史』）。石越では二万石から三万石の損耗。溺死一五人、馬二四頭を失い、大飢饉となった（『石越町史』）。

北上川中流域で堤防が決壊し、そこで水位が下がったので、下流域の桃生郡では被害がなかった。なお水除とは、水流で土手が削られないように丸太と石（岩）で作った水流をはね返すしかけである。

給人、猪対策を出入司に献策

一　村々が猪の被害に頭を痛めています。そのことに関して出入司衆が御郡司衆に次のようにご指示なされました。

「在郷の給人どもに様々な猪対策を話し合わせ、その結果を報告させなさい」

そこで我らが吟味した結論は、左の通りです。

・従来の対策では、猪の害を防ぐことはできないこと。

・村在住の給人と村在住の猟師に玉入鉄砲を許可すること。
・猟師のいない村では、他村より猟師を雇い入れて鉄砲をうたせること。
・玉入鉄砲許可に際しては、給人も猟師も鉄砲改所に届け出ること。
また、「山追」についても話し合い、左のような結論になりました。
・山追を実施したい村があれば、勢子を出し鉄砲も使用し給人も必要なだけ出します。それでも不足するときは、旗本の足軽も動員します。しかし山追をしても一両日もないうちに猪がまた出没します。猪は、「山追」を鉄砲ほどには怖がりません。
従いまして給人と猟師に玉入鉄砲を御許可くださいますようお願いします。以上
享保一三年七月一五日
大河原伊兵衛
岡元八右衛門
後藤市郎左衛門
菱場三郎左衛門
惣口勘右衛門
出入司衆

藩（出入司《しゅつにゅうつかさ》）が猪対策について給人たちに話し合わせ、その結果を報告させた記録である。藩が公式に下からの意見を聴取するのは大変に珍しい。

給人たちは、昼夜を問わず、かつ給人も百姓もともに、玉入鉄砲を使用する以外に猪対策はないと結

論づけて役人に報告した。大身旗本から百姓まで視野に入れて猪対策を検討した結論であった。

大河原伊兵衛は、次の文書に見るように、須江村担当の広渕代官所役人である。出入司は代官所を統括する郡奉行のさらに上の役職である。したがって、大河原以下五名の連名で直接出入司衆に報告書を提出していることから、桃生郡深谷地区二十数ヶ村だけでなくさらに広い範囲で在郷の給人たちに猪対策を話し合わせた可能性がある。しかし次の文書からこの対策は藩に受け容れられなかったとわかる。

在郷の給人たちも百姓たちも、そして代官所の役人たちさえも同じ結論に達したというのに、なぜ出入司衆や藩の執政たちが従来の政策を改めないのか。その要因は一つは権威主義であり、もう一つは現場無視の政治感覚であろう。天明期の大飢饉で仙台藩は十数万人にのぼる餓死者を出すことになるが、その遠因は猪対策の遅れにもあると指摘されている（『岩波講座　日本歴史　第一二巻』「飢饉と災害」）。

四季鉄砲御免かなわず

一　猪の田畑への被害が大きいのでお願い申し上げます。従来は四月朔日から七月晦日まで、玉入鉄砲を夜中だけお許しいただいておりました。今年はさらに期間を延長して、三月一〇日から一〇月晦日まで夜中だけ玉入鉄砲を御許可いただきましたので、ただ今まで猪の害を防ぐことができ、大変有り難く思っているところです。

しかしながら来月より鉄砲を止めてしまいますと、収獲した稲や畑作物を猪にやられてしまいますので、四季とも（一年中）夜中だけ玉入鉄砲をお許しくださいますようお願い申し上げます。冬中も猪防ぎを継続しましたならば、猪は出なくなると存じます。狩猟を禁じられている野場には少しも差し障りがないようにしますので、御憐憫を以て願いの通り御許可くだされたく存じます。以上

享保一三年一〇月

才藤五左衛門
藤間小三郎
藤間長左衛門
田子左平次
矢嶋喜太夫
茂庭勘助
笹原惣右衛門
笹原新左衛門

大河原伊兵衛様

右願書を出したけれども、伊兵衛が取り次ぎかねるといって、願書を返してきた。

この文書から七月一五日の願書（昼夜玉入鉄砲許可願）が却下されたことがわかる。広渕代官所の大河原伊兵衛は、この文書を仙台に取り次ぐことさえ拒否したのである。猪対策に関わるのはこりごり、そんな感じが伝わってくる。先に給人たちの意見をとりまとめて出入司に報告した大河原たちは、そのことで藩の執政たちから強く批判されたのであろう。執政たちがいかに頑迷固陋《ころう》であるか、よくわかる。

矢嶋喜太夫、神道を信仰

一　神道をご伝授くだされた埿芽翁のお許しがなければ、人に語りません。手前が書き付けて置いたものを取り散らかして、人に見られたりすることもいたしません。たとえ死んだ後でも人に見られないように、焼き捨てます。

異国の道に習合《しゅうごう》附会《ふかい》いたしません。

右の二ヶ条を慎んで堅く守ります。もし違背したときには、伊勢、熱田、熊野、白山其の外日本国中の大小神祇、ことに当国一ノ宮塩釜大明神の御罰を被ります。

享保一三年八月二四日　矢嶋喜太夫　書判

大槻源右衛門様

埿芽翁

矢嶋喜太夫が神道に深く帰依したことがわかる。

異国の道は仏教（インドの道）と儒教（中国の道）を指す。「異国の道に習合附会いたしません」と誓約した喜太夫は、それを守って自分の墓に戒名を刻ませなかった。

この時代はまだ賀茂真淵、本居宣長の神道は始まっていない。喜太夫が学んだ神道は、異国と我が国の制度や文化の違いを自覚した吉田神道ないし伊勢神道の流れだったと考えられる。大槻源右衛門は喜太夫の上司で、埿芽翁を名乗った。江戸中期、東北の田舎まで神道が伝わっていたのは驚きである。もっとも、矢嶋家でも喜太夫以外はすべて戒名を付けているので、神道が「広がった」とか「浸透した」ということはできない。喜太夫は思想的に「先進的な面があった」と表現した方が適切かと思う。

仙台藩の享保の改革（倹約令）

一　御家中の諸侍が困窮のため御奉公が続かないというけれども、この節特別に借金を御用捨（返済無用）するわけにはいかないので、別紙の通り仰せ出された。

・五ヶ年間、江戸・他国勤務の者は、役方によりこれまでの「催合」のほど（上役は二両、下役は一両）支援する。其の外、委細については追って通知する。

・御家中の困窮については、大変に御苦労に思う。

・元来、大身小身ともに、また在国勤務でも江戸他国勤務でも、与えられた身代（財産・収入）を以て御奉公すべきところ、拝借金を以て御奉公するようになってきた。

・藩としても財政困難であり、その年の納め高（収納高）を以て御遣方（支出高）を是非とも間に合わせなければならない。

・召し物（着物）など身の回り諸事軽くすませ、役人も減じるなど、倹約につとめなさい。

喜太夫の墓

・大身小身などの違いがあっても収入の範囲で生活するという理合《りあい》（道理）は同じである。
・自分はもちろんのこと、召使い等まで念を入れて申し聞かせなさい。

享保一三年一一月

一　御家中大身の者をはじめ無役の者まで、三、四〇年前からずっと困窮が続いている。特に他国勤務を命じられた者が藩に多額の拝借金を願い出るのは困ったものだが、やむを得ないことでもあるので拝借願に応じてきた。しかし現在では拝借高が過分になり、他国勤務終了後五、六〇年あるいはそれ以上の年賦返済になっている。そしてついには御奉公が続かなくなる者が出る始末である。
近年は御家中が倹約に努めなくなり、御奉公しているからといっては拝借金を願い出るようになった。また子孫の代まで暮らしが立ちゆくように御扶持を与えられていながら、御奉公を怠り引きこもる者もいる。これまでは御家中のことを慮って拝借願に応じてきたが、藩は財政困難を来たし、侍の風俗も乱れて大変に憂慮すべき事態になってしまったので、左のように仰せ出された。
一　江戸・他国勤務の者は、勤務中、藩からの拝借金は無利息とする。
来春より五年間は、江戸・他国勤務を命じられたものは、有役無役とも「催合金《もやい》」の外、「合力」くだされる。

来年より水損、干損三分の一以上の者には規定により拝借願に応じる。其の外は藩の拝借金を廃止する。藩も財政難なので諸事格別に覚悟して御奉公しなさい。もし今後理由なく御奉公免除願を申請する者がいたならば、知行など身代《しんだい》（財産）減少を命じる。

一一月二五日

五代藩主吉村は財政再建に成功し、のちに「中興の英主」といわれた。

藩主になった元禄一六年（一七〇三）から十数年間は、前藩主綱村の晩年に任命された奉行、布施定安を信任しての財政立て直しにつとめた。おもな政策は手伝金（家中に強制的に割り当てた献金）と倹約令であった。享保期（一七一六～三六）前半の約一〇年間は、従来の倹約政策を継続する一方、「百姓条目」「町人条目」を制定し、かつ役人に綱紀粛正を求めて領内秩序の維持に努めた。

一方、いよいよ深刻化する財政を立て直すために、諸士に意見を求めた。そのなかに出入司岩淵安次の意見があった。彼は家臣に新しい借金をしないことを求めると同時に、藩としても「収入高を以て支出高を間に合わせる」ようにと献策し、吉村に採用された。また江戸勤務などで生活が困窮する家臣対策として「催合制度（共済制度）」を整備し、その負担軽減を図った。右の二つの記録は、岩淵安次の献策をもとに出された倹約令である。

前半の文書は享保一三年一一月とあるが、一一月三日に出されたことがわかっている。

後半の文書は同年一一月二五日付で、他国勤務中の者の拝借金無利息、催合金の条件、水損干損の扱いなど、規定がさらに細かになっている。

吉村は享保一三年六月六日から翌一四年八月二二日まで在国であった。吉村は日々家臣を督励して改革を進めたものと思われる。しかし倹約令だけでは財政は改善されず、家臣の中には知行を返上する者さえ出る始末であった。

享保一四年（一七二九）

猪防ぎ鉄砲、従来通りの期間で申請

一　拙者どもは桃生郡深谷須江村に居住する者ですが、須江村は丘陵地帯で猪が住居の近くまで出没し、御知行並びに抱地の作物を荒らすので大変困っております。つきましては、当四月より七月晦日まで、夜中だけ、玉入鉄砲を御許可くださいますようお願いします。八月から一〇月晦日までは、夜だけ、空鉄砲の御許可をお願いします。右は、毎年御許可いただいているところです。

拙者ども（給人）ばかりでなく、村中百姓どもも猪防ぎに手を焼いています。矢嶋喜太夫、斉藤五左衛門、笹原惣右衛門は御鳥見横目をつとめ、神文（誓約書）も提出しておりますから、絶対に野鳥への差し障りがないように致しますので、御憐憫を以て御許可くださいますようお願い申し上げます。以上

享保一四年四月

矢嶋喜太夫
斉藤五左衛門
笹原惣右衛門
茂庭勘助
田子左平次
笹原新左衛門

前年は三月一〇日から一〇月晦日まで玉入鉄砲の許可が下りたのだが、その勢いに乗って「四季（通年）玉入鉄砲御免願」を提出し、門前払いになった。今年は従来通り四月から七月末まで玉入鉄砲、八月から一〇月末まで空鉄砲ということで願いを出した。さて、どのような返事が来たか、見てみよう。

防鉄砲許可、人により異なる

一　深谷須江村、斉藤五左衛門、田子左平次、茂庭勘助の御知行並びに抱地において、四月より七月晦日まで、玉入鉄砲並びに空鉄砲を許可する。八月より以降は、玉入鉄砲、空鉄砲ともに御野場に差し障るので禁止する。

一　同郡同村矢嶋喜太夫、笹原新左衛門、笹原惣右衛門の御知行並びに抱地において、四月より七月晦日まで玉入鉄砲を許可する。八月より一〇月晦日までは空鉄砲を許す。

右、何れも、暮六つ半（午後七時頃）から明前七つ半（午前六時頃）まで。

右の通り許可する。以上

五月二三日

後藤孫兵衛

木村久馬

大河内源太夫

小嶋蔵人殿

横沢半右衛門殿
笹町惣右衛門殿
右の通り、六月朔日に伝達されました。

前の三人（斉藤・田子・茂庭）は八月以降の鉄砲が全面的に禁止され、後の三人（矢嶋・笹原二名）は、八月以降も空鉄砲は許可された。この差異が生じた理由は明示されていないが、田畑の立地条件（たとえば藩主が狩をする野場と田畑との距離など）が関係していると思われる。斉藤と田子、茂庭の所持する田畑が野場に近いので、八月以降冬鳥が飛来するので空鉄砲も禁止になったのであろうか。つまり、よくいえばおおざっぱな行政からきめ細かな行政に転換したのかもしれない。これ以降藩は給人一人ひとりに異なる許可を与えるように変化する。

なお後藤孫兵衛は、矢嶋喜太夫の長男（幸之丞）が藩主に御目見得したときに同席した役人である。小嶋蔵人、横沢半右衛門、笹町惣右衛門の三人は、桃生郡内の有力な給人と思われる。喜太夫は須江村の六人のことしか書き写していないが、郡奉行は小嶋、横沢、笹町の三人を通じて、桃生郡深谷二十数ヶ村の給人たちに、立地に応じそれぞれに異なる許可を出したものと考えられる。

将軍吉宗御落胤、天一坊

一　同年三月の頃、江戸品川の牢人者が自分は一五万石以上の大名となる身分で、世良田源氏坊天一と申すと名乗り出た。御詮議をしたところ偽者と判明して、御仕置きになった。

この節、須賀川（福島県）にて、御大領の百姓が寄り集まって訴えを起こした。そのわけは、困窮してやっと命を永らえている状態なので、ご慈悲を以てお助けくださいということである。また、近年、白川（福島県白河）でも百姓どもが寄り合い、土一起（土一揆）のようなる替之事（変事）が発生した。この末どうなることかと思い、ここに記し置く。


天一坊事件は、源氏坊天一と名乗る修験者が将軍徳川吉宗の落胤を詐称して町人などから金品をだまし取った事件である。天一坊は享保一四年（一七二九）四月二一日に処刑された。喜太夫は同年五月末頃その情報に接し、記録した。

後半は、耳にした他藩の百姓の動きを記したもの。須賀川と白川は奥州街道筋なので、村方騒動の情報がストレートに仙台藩に達したようだ。

山城国百姓、一八六歳（廻状の写）

一　山城国（京都府）愛宕郡御百姓万兵衛、年一八六歳、女房一八四歳、子ども二八人
惣領一六四歳、孫五一人、曾孫八三人、玄孫一八人、其の外に婿・妻三七人
右一族二〇九人
享保一四年（一七二九）四月二日、□□様御知行所に罷り出て、さらに禁裏（宮中）にて御目見得。

この者どもは、全員御菓子を頂戴したということです。
廻状の写です。

うわさ話の類が「廻状」として流布されたことがわかる。江戸で出回る情報が仙台藩江戸屋敷で「廻状」にまとめられ、仙台に伝えられ、それが須江村まで届いたということ。
長命で子だくさんの一家繁栄は、今も昔も喜ばしい慶事なのだ。

御預山の由来

一　拙者は桃生郡深谷須江村の瓦山と申すところに居住しています。別紙絵図面の通り、屋敷廻りは杉林です。しかし以前は木立のないところでしたので、拙者が五、六年前から少しずつ植林して現在のようにしました。その間大勢の人手を要しましたが、費用はすべて自分が負担しました。また、拙者内《うち》の者を山守に付けて管理してきました。藩で御用木の必要があるときに、お命じくだされば、山守にしかるべく対応させます。
つきましては、右の御林の下枝並びに下草を拙者内の者に無償でお払い下げくださいますようお願いします。以上
元禄一二年（一六九九）七月一七日　矢嶋権兵衛
石田作蔵殿

一　前書の通り願書が差し出されましたが、願の通り、山守に下枝、下草を取らせてもさし支えないと存じます。以上
同年同月一九日　　　　　　石田作蔵
丹野惣右衛門殿

一　右の通り本紙（願書）は手元に留め置き、古い文書と差し替える。もちろんその時々に諸木々の本数を拙者方へ提出しなさい。以上
同年同月二〇日　　　　　　丹野惣右衛門
矢嶋権兵衛殿

一　右の通りで御座います。此度御預《おあずかり》山の品書を出すようにとの御触でしたので、提出します。以上
享保一四年六月二四日　　　　矢嶋喜太夫　重判
山林上廻衆

矢嶋喜太夫が「御預山之品書」の提出を命じられて、三〇年前の書類の写しを提出した記録であるが、不自然な点が多い。

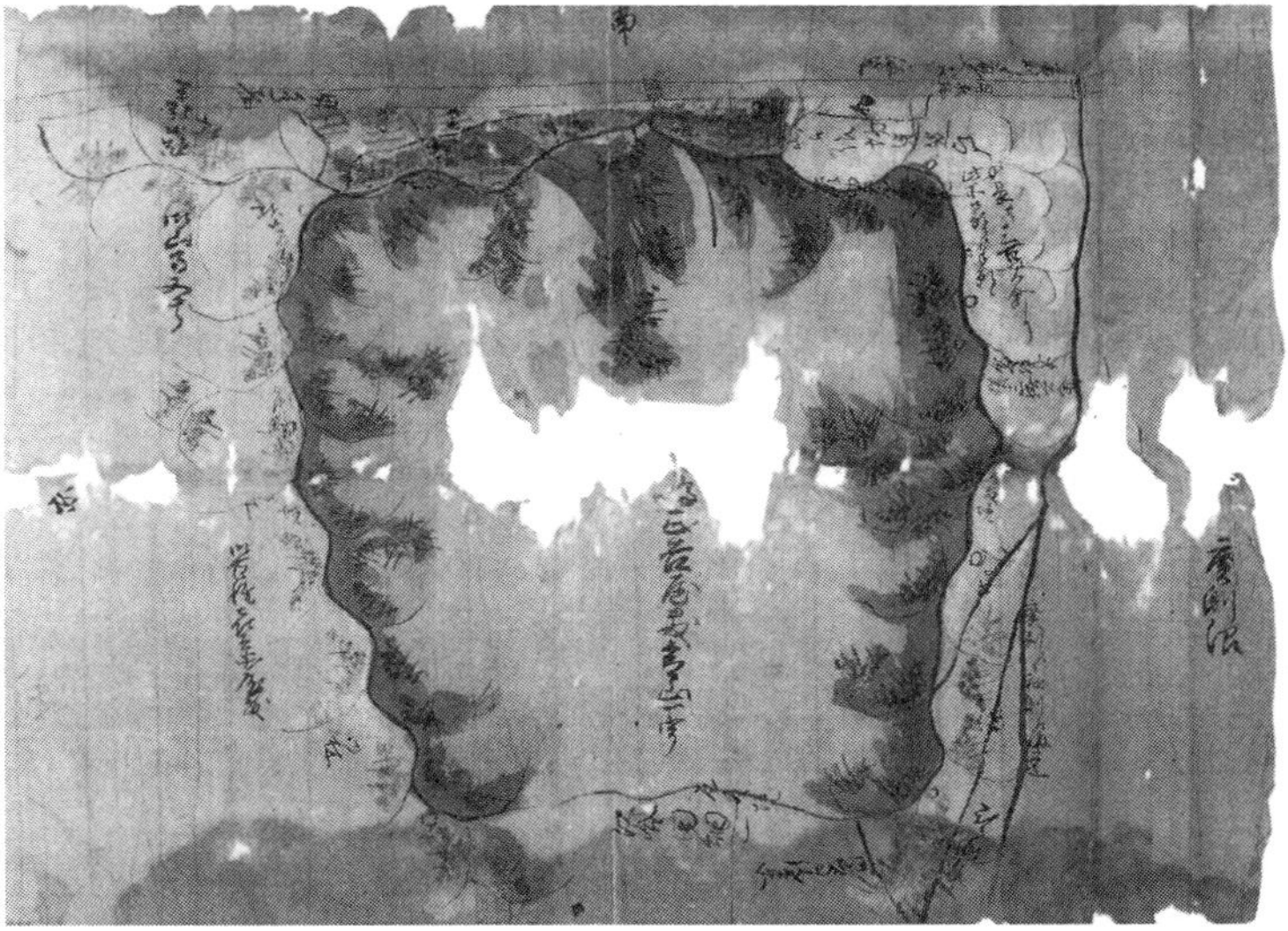

矢嶋家屋敷絵図。中心部に「矢嶋正吉屋敷青山一宇」の文字がある。

①元禄一二年当時、矢嶋権兵衛はすでに死亡していて、その二代後の正吉が矢嶋家を相続している。
②正吉がこのとき提出した控えと思われる屋敷絵図（前頁）が現存する。それには「矢嶋正吉屋敷
　青山一宇」と書き込まれているが、右の「品書」は矢嶋権兵衛となっている。

喜太夫の父・矢嶋正吉は天和三年（一六八三）に家督相続しているが、この時期、養祖父の名・権兵衛を名乗ったと考えれば、説明がつく。
またこの記録から、預御林の下草・枝・末木などが原則として藩に帰属すると考えていたことがわかる。しかし実際には「下枝並びに下草を拙者内の者に無償でお払い下げください」とあるように、下草や下枝、そしておそらく間伐材も矢嶋家が取得したものと思われる。

屋形様、濱御殿に上府のご挨拶

一　同一四年八月二二日屋形様が右京様とともに仙台を出発。道中九日間。
天気良し。八月晦日夜七つ時（夕七つ時〈午後四時頃〉）上府（江戸上屋敷到着）。
翌日（九月一日）、公方様が濱御殿に滞在中につき、濱御殿にて出府のご挨拶。

濱御殿は現在の浜離宮庭園。伊達家上屋敷はそのすぐ西隣にあった。吉村は江戸到着後すぐに濱御殿滞在中の将軍吉宗に挨拶に出向いた。吉村と吉宗が昵懇《じっこん》だったことを感じさせるエピソードである。

幸之丞前髪願

一　拙者の嫡子矢嶋幸之丞、当年一五歳は、かねて頭痛を煩《わずら》い養生してきましたが、良くならないので、現在桃生郡深谷広渕町の医師青木宋春の治療を受けています。青木宋春が申すには、前髪を取り頭を涼しくすれば、早速にも快気するだろうとのことです。

右のような次第ですので、幸之丞の前髪を取ることをお許しくださいますようお願いします。拙者の身代は御知行高一貫八八文、御切米五両、御扶持方四人分に御座います。

御憐憫を以て願いの如くなしくだされたく存じます。以上

享保一四年九月二四日　矢嶋喜太夫　重判

孫右衛門殿

添書

矢嶋喜太夫が嫡子幸之丞の前髪を取りたい旨の願書を出すについて、わが家に相談に見えました。喜太夫は桃生郡深谷須江村に居住し御鳥見御用をつとめています。幸之丞は持病の頭痛が治らず、その上先月より痢病も煩い、最近痢病は少々快復してきましたが、いまだに健康を回復するには至っていません。拙者は矢嶋喜太夫の親類です。以上

九月二四日　下□□要兵衛　重判

孫右衛門殿

一　矢嶋喜太夫嫡子幸之丞前髪願を差し出したところ、勝手次第に前髪を取ってよいとの返事をいただきました。
早速、麻上下《かみしも》着用にて、組頭衆へお礼に出るようにとのお達しが来ました。
二四日願書を差し出す。
二六日返事を仰せ渡される。
二七日お達しがきた。

喜太夫は、一五歳の息子幸之丞の前髪を取る許可を求めて、親類の添書を付けて上司に願書を提出した。許可は二日後に出た。その翌日、早速、麻上下を着用して組頭衆にお礼に出た。一五歳の少年の前髪を落とすことなど何でもないことのようだが、前髪落としは元服を象徴する行為なので、頭痛の治療を理由に前髪を落とすにあたり、特段の許可を願い出たのである。

大肝入御役料屋敷

一　杉拾本　杉丸太　長さ二間、木廻り一尺八、九寸
二本　同丸太　長さ三間、木廻り一尺四寸より一尺五、六寸まで
一本　同丸太　長さ二間、木廻り二尺

二本　同丸太　長さ四間、木廻り一尺八、九寸
右の通り、深谷須江村瓦山の明御林《あけ》（伐採の許可された林）にて伐らせました。
但し、深谷広渕村大肝入御役料屋敷の、御出駕の御道具を入れる物置建替のため。
追って本帳面に付けるまでの仮手形として、以上
享保一四年閏九月二五日　三浦六左衛門
次兵衛殿
御山守中

一　二〇荷　杉枝木一九、五尺丸《まるき》（杉の枝を五尺の縄で結わえた荷が二〇個）
杉三本　杉枝木長さ一間半より二間まで、廻り一尺一、二寸より一尺四、五寸まで
右の通り深谷須江村明御林にて、深谷広渕大肝入御役料屋敷の御出駕の御道具を入れる物置建替のため杉丸太一五本伐り出しましたが、その杉の枝と末木を預かりました。
享保一四年閏九月二五日　三浦六左衛門
次兵衛殿
御山守中

この記録から広渕町に大肝入御役料屋敷があったことがわかる。大肝入御役料屋敷は「大肝入屋敷」とも、また単に「御殿」とも呼ばれた。この屋敷は大肝入の公用施設であるとともに、藩主の宿泊施設

でもあった。藩主が大肝入屋敷に宿泊するときには、藩主一行の接待役を大肝入らの有力な百姓がつとめさせられたと思われる。

「明御林」は喜太夫の預御林の一部で、伐採を許可された（命じられた）区域を指すと思われる。この記録は、矢嶋家家中の山守次兵衛が杉一五本を伐採して、杉丸太と杉枝木を担当役人三浦六左衛門に引き渡したとき、三浦が発行した「受取証（領収書）」である。

相対済令廃止（幕府法令）

一　元禄一五年（一七〇二）金銀吹き替えにより米価が一時高値になったが、近年は米価安になった。ところが借金や質物の金利は以前のまま高利なので、諸人が難儀しているということである。そこで元禄一五年以降引き続きの借金については、今後金利を年五分にしなさい。この暮れに支払期限のくる借金の金利も年五分にしなさい。

一　現在まで元利返済の済んでいない借金については、過去にさかのぼって金利を減少させる必要はない。

右の趣旨を貸し元、借り主、双方に周知しなさい。今後、返済が滞ることがあれば、貸し元は奉行所に訴えることができる。また定めの通りに金利を下げない貸し元がいたならば、借り主より訴え出なさい。

新規の借金は相対《あいたい》で決めるべきであるが、みだりに高利であってはならない。

右の通り急度《きっと》（厳格に）相守るべきものなり。
享保一四年一〇月　水野

水野は幕府の老中水野和泉守忠之。この法令では、二つのことをいっている。一つは、今年一二月の支払い分から金利を五分（年率五％）にせよということ。もう一つは、金銭貸借に関する訴訟を受け付けるということ。

幕府は一〇年前、金銭貸借については訴訟を受け付けない、当事者間で解決せよと「相対済令」を出したのであるが、それを実質的に撤回したのである。

金利引下令、幕府法令に倣う

一　此度、元禄一五年（一七〇二）以降の借金ならびに質物金利を年五分以下にせよとのご沙汰が公儀（幕府）より出されたが、江戸の武士、町人の様子を見届けたところ、左の通りなので、当地（仙台領）にても幕府に見習うことにする。

・五分というのは、一〇〇両につき壱ヶ年に利金五両を差し出すことである。

・銭借の場合は、右の割合では、銭一〇〇文につき、一ヶ月に半銭にもならないので、このようなわずかの利分は、これまでの利分を少々用捨しなさい。

一二月

この御触が出た享保一四年一二月は、藩主吉村は江戸在府中である。したがって、この記録は江戸上屋敷から仙台に届いた文書の写しと思われる。

金の貸借は年利で、銭の貸借は月利であったことがわかる。そして銭借の場合は、毎月利息を支払うのが慣習だったようだ。

一〇年前仙台藩でも「相対済令」を幕府に倣って実施したので、右の記録では「相対済令」について触れていないが、このとき仙台藩でも「相対済令」を廃止したと思われる。

店賃・地代等引下令

一　当地では米価安であるが、町の店賃《たなちん》、地代、諸奉公人の給金は高値である。このような事はあってはならない事なので、今後店賃、地代、奉公人給金を引き下げなさい。就中《なかんずく》公役金については、来年から二割引き下げるように命じたので、その旨心得なさい。米価が高くなれば、元に戻す。

一　借金や買掛金の返済が滞った武士の門前で大声で催促するのは、もちろんやってはいけない。もしそのようなことをしたならば厳しく処罰する。本人はもちろん、家主、五人組まで処罰する。

享保一四年酉一二月

「当地では」とあるが、江戸なのか仙台なのかはっきりしない。いずれにしても問題にしているのは町の店賃、地代、諸奉公人の給金なので、町方に出された御触であることは間違いない。

公役金については不明であるが、米価安と財政難で二割引き下げるというのだから、藩が武士に支給する「役金」であろう。

借金を返さない武士の門前で大声で催促するのが流行したのであろう。貸し手にとっては訴訟するよりてきめんに効果があったと思われる。現代でもサラ金が返済を催促して職場に押しかけたり、夜中に家庭に押しかけたりするのは違法とされるが、さすがに「本人はもちろん、家主、五人組まで処罰する」とまではいわない。

享保一五年（一七三〇）

無利息で貸します（うわさ話）

一　知行高一〇〇〇石につき金一〇〇〇両あて、無利息で、お旗本衆大名衆に貸しくだされる由、右金は諸家中へも段々に割り分けられ、貸しくださるとのとである。但し、右金は乾字金の由。乾字金は去る寅の年（享保七年・一七二二）通用を停止し、その以後は潰し金にするつもりであったが、なお市中にたくさん出回っている。そこで今後は潰し金にしないでそのまま通用させるそうである。但し、新金ならびに慶長金一両は乾字金二両を以て通用させる事。公儀へ納めるもの、合力、或いは奉公人給金、かつまた、諸売買物代金など、右のつもりを以て、通用させなさい。

戌正月一五日

戌《いぬ》は享保一五年。

知行高一〇〇〇石につき一〇〇〇両を無利息で貸すなどという政策はあり得ない。そもそも米一石は二分の一両にもならないのだ。したがって幕府から出された法令ではない。幕府が「上げ米」（知行高一万石につき一〇〇石を献上）を強制していることへの皮肉を含む、江戸のうわさ話かと思われる。なお「上げ米」は翌年（一七三一）廃止される。

乾字金についての記録も興味深い。乾字金は品位が悪くて発行後すぐに通用しなくなったのだが、幕府は回収のための資金に窮して、処理に苦労したようである。

玉入鉄砲この末年々御免

一　拙者どもは桃生郡深谷須江村に居住する者ですが、須江村は丘陵地帯で猪が住居の近くまで出没し、作物を荒らすので大変困っております。つきましては四月朔日より七月晦日まで、夜中だけ、屋敷内での玉入鉄砲を御許可くださいますようお願いします。
右の月限定で願い上げては毎年御許可いただいていますが、この末年々の御許可をお願いします。

矢嶋喜太夫、笹原惣右衛門は御鳥見横目をつとめ、神文（誓約書）も提出しておりますから、絶対に野鳥への差し障りがないように致しますので、御憐憫を以て御許可くださいますようお願い申し上げます。以上

享保一五年三月

笹原惣右衛門
矢嶋喜太夫
笹原新左衛門

御郡司衆月番へ提出

願いの通りの月数で、夜中暮六つ半時（午後七時頃）より夜七つ半時（午前五時頃）まで、この末年々許可する。以上
三月二四日　大留場
阪田齋

一　右の通り御許可が下りたと、萱場三郎右衛門からも知らせてきた。しかしながらこの末年々の許可申請をしたのは拙者どもだけで、他の衆は一年切りの願いを申請した。
他の衆の許可は左の通り。
・小嶋蔵人
・小嶋長六郎　三月一五日より一〇月中、暮六つ半より明前七つ半時まで玉入鉄砲。
・真山仲右衛門　四月朔日より七月晦日まで、夜中、玉入鉄砲。
・真山庄三郎　居屋敷、家中屋敷ともに四月朔日より七月晦日まで、夜中玉入鉄砲。
・片倉小十郎　知行所四月朔日より七月晦日まで、昼夜玉入鉄砲、但し沼境を除く。
・宮城岩切村小原助五郎在郷屋敷　現今より一一月まで、夜中だけ玉入鉄砲、但し鹿を除く。
・宮城塩釜村錦戸与九郎抱地田畑　四月朔日より七月三〇日まで、夜中だけ玉入鉄砲。
特に願い出た場所については、昼夜玉入鉄砲。
八月より一〇月二〇日までは、夜中だけ暮六つ半時より明前七つ半時まで。

この年三月、苗代作りを前にして桃生郡深谷の給人たちがそれぞれに「猪防ぎ鉄砲」の許可を申請した。従来は村単位で申請していたのだが、前年から田畑の立地条件などに応じて許可内容が異なるようになったので、この年から個別に申請したのである。

矢嶋喜太夫と笹原惣右衛門、笹原新左衛門は「夜中だけ屋敷内での玉入鉄砲」を「この末年々」許可してほしいと申請し、許可された。来年から申請する必要がなくなったのである。

白石城主片倉小十郎は一万七〇〇〇石余の大身である。片倉は広渕村に一〇〇〇石余、赤井村に二七〇石余など桃生郡深谷内に多くの知行を所持していた。片倉の知行所では「昼夜の玉入鉄砲」が許可された。片倉の知行所内ならいつでもどこでも玉入れ鉄砲を撃ってよいというのである。単なる立地条件の違いというより、片倉家が一定の地域全体を支配している関係から、その地域の秩序・治安が片倉家に委任されていたと考えられる。

猪は撃ってよいが鹿は撃つことを禁じるというのは、水稲《すいとう》稲作にとって鹿の害は問題にならないからであろう。

宮城岩切村小原助五郎在郷屋敷と宮城塩釜村錦戸与九郎抱地田畑は、ともに桃生郡深谷の内にあったのだろう。

矢嶋喜太夫、仙台北六番丁屋敷を取得

一　松原又市郎は北六番丁新坂通りの西に、表口一六間、裏口一六間、東西長さ三六間の屋敷を所持していますが、長い間困窮しており、縁者の矢嶋喜太夫に屋敷を譲りたいと存じます。なお、矢嶋喜太夫は仙台に屋敷を所持していません。

松原又市郎は、先年、龍寶寺東脇、小山又兵衛屋敷裏を拝領して住んでおりましたところ、右屋敷を御用地に召し上げられ、替え地として北六番丁の屋敷を拝領しました。もちろん、又市郎その身一代限りの拝領屋敷では御座いません。

右、又市郎身代は御切米一両二分、御扶持方四人分。喜太夫は御知行高一貫八八文、御切米五両、御扶持方四人分に御座います。喜太夫はこの度初めて屋敷願いを申し上げます。

又市郎にとりましても喜太夫にとりましても好都合なことで御座いますので、御憐愍を以て願いの通りお認めくださいますようお願いします。以上

享保一五年八月

松原又市郎

矢嶋喜太夫

縫殿頭《ぬいのかみ》殿

孫兵衛殿

一　この度、北六番丁新坂通り少し西、松原又市郎屋敷（表口一六間、奥行き三六間）の譲渡の申し合

わせについてご承認を願い上げたところ、（中略）願いの通り承認されました。ただし、左の条件です。

・松原又市郎の子ども、近之丞の代になったならば、右屋敷を貴様（矢嶋喜太夫）から近之丞へ譲り返すこと。

・そのときになって屋敷を譲り返すのにさし支えがあれば、どこかに近之丞の新屋敷を拝領して、其所との引き替えにすること（近之丞は元の屋敷に、矢嶋喜太夫は新屋敷に入ること）。

・引き料（借地権代？）は、家、屋敷ともで五両一分です。

・拙者（三浦兵六郎）代の内に、喜太夫が仙台での御奉公（仙台勤務）を命じられて、屋敷を使用するときには、屋敷代二両二分ないし三両を支払えば、右屋敷は直々喜太夫の所持となる。

右の通りで御座います。近之丞代になるまでの事で御座いますので、相違がないよう内々の申し合わせ、かくの如し。以上

享保一五年八月二九日　三浦兵六郎

矢嶋喜太夫様

右の通り其元《そこもと》よりご報告いただいたことについては承知しました。近之丞殿の代になりましたならば譲り願いを出します。相違がないよう内々の申し合わせ此の如し。以上

同年同月　矢嶋喜太夫

三浦兵六郎様

一　北六番丁新坂通り少し西南側、貴様の新屋敷に宿守《やどもり》を置いた上で、借り屋敷にすると申し合わせました。

一　居家ならびに土蔵などは私の方で建築します。お屋敷を返還するときには、右の家は私の方で引き取ります。

一　屋敷並御触、辻番屋敷廻りかき、総じて見苦しくないようにします。宿守合力《ごうりき》などは私方で支払います。

一　屋敷のことについては貴様に御苦労をお掛けしないように、何事も私の方で処理します。毎年二月朔日、御改《あらため》があり、宿守証文を提出します。宿守が交替したときも、御中証文を提出するはずです。

一　一年おきに屋敷並五人組の帳面を作成します。

右の通り申し合わせ、お屋敷を借地しました。申し合わせ相違無きよう此の如し、以上

享保一五年八月二九日　　三浦兵六郎

矢嶋喜太夫様

矢嶋喜太夫が縁者の松原又市郎に金を融通し、その質物として仙台北六番丁の屋敷を取り上げた。矢嶋はその屋敷の管理を仙台在住の三浦兵六郎に委託した。三浦は矢嶋から管理を委託された屋敷地に居家（貸し家）や土蔵などを建て「借り屋敷」として賃貸するつもりなのである。

はじめの文書は、松原が永代拝領の屋敷を「一代限り」で矢嶋に譲渡するに際して、それぞれの上司

（縫殿頭と孫兵衛）に承認を求めたもの。二つ目と三つ目の文書は、矢嶋と三浦の委託（賃借）関係の取り決めである。なお後の文書で明らかになることだが、三浦と矢嶋は親戚関係にある。

一八〇〇年代になると武士がさらに困窮を深め、拝領屋敷を完全に譲り渡す（売却する）ようになるが、この時代（一七三〇年代）にはまだそこまでには至っていない。いわば「買い戻し特約付き」で「一代限り」譲渡するという体裁をとったのである。そもそも拝領屋敷（今でいえば公務員住宅）を借金の質物に入れるなど不届至極なことであるが、困窮する武士の実態に鑑《かんが》み、藩もそれを認めざるを得なかったのだ。

公儀による米価下落防止策（うわさ話）

一　今月朔日、江戸町年寄宅に江戸中の名主どもが集められ、次のような御触を言い渡されました。

・今年は例年にない豊作なので近日中に米価が下落すると予想されるけれども、武家方は至って困窮しているので、公儀（幕府）代官所の御蔵入り米は今年より籾《もみ》で納入させ、それを百姓どもに預け置く。

・百姓どもに預け置く石高は、六〇万石余りである。

・江戸に入ってくる米については、今年より公儀が買い上げ、当分の間は売り払わない。

右の段、江戸市中に周知しなさい。

享保一五年七月

幕府が出した御触そのものではない。「江戸町年寄宅に江戸中の名主どもが集められ」と江戸の実情に通じないことを述べているので、江戸からの情報に仙台でさらに尾ひれがついてできあがった「うわさ話」と思われる。うわさ話の内容は、幕府が江戸に入る米の量を一時的に制限して米価下落を防止するというもの。

うわさ話の背景として三つのことが考えられる。一つは、この年一月幕府が買米入札令を出したことである。幕府は米価をつり上げようとしたのだ。二つ目は、この年六月幕府が大坂堂島の米相場を公認したこと。米の先物取引を認めることによって米価の乱高下を防ごうとしたのである。三つ目は、仙台領内で収穫時期を迎え、豊作が確実視されたこと。武士や百姓がさらに米価が下落すると心配したことであろう。その不安な心理がこのうわさ話を生み出す原動力になったと思われる。

米の中央市場として全国の米相場をリードしたのは大坂であった。江戸商人たちは米の先物取引（延《のべ》売買）を出願した。これは当時の米価安を前提に米価の引き上げを名目としたもので、幕府の米価引上策に沿ったものだった。先物取引はこの年六月公認され、翌年から実施された。

先物取引では現物の米ではなく米手形（米の種類、数量、引渡場所、引渡日などを記載した証文）が売買される。目の前に存在しない米を競争入札で売買するのである。そのような複雑な仕組みを正確に理解できない江戸と仙台の庶民が、生半可な知識で解釈して、右のようなうわさ話を生み出したのであろう。

喜太夫がこの「御触」を書き留めたのは、『見聞録』の記録の配列から判断して八月中旬、稲刈りが始まる頃と思われる。

屋敷内の杉売却

一　屋敷内の杉、二尺九寸より三尺廻り四三本、四尺廻り二本、合計四五本を六切（一両二分）で、沢田（村の）味平と藤八に売り払いました。

杉が三尺廻りの太さに生長するには三〇年ほどかかる。喜太夫は屋敷内で立派に育った杉を四五本売り払った。次の記録にある長屋を建てる費用に充てるためと思われる。

長屋建築

一　八月三日大工・利左衛門が長屋の手斧《ちような》立て（着工）。一八日石工が基礎を据える。二〇日棟上げ。二八日屋根を葺き終える。

建築に要した人手、大工一六人、木挽き四人。屋根葺きは八〇〇文で請け負わせた。

費用は、作料金一切、大工二四〇文、木挽きその他すべて合計して金二切と一九四〇文。

杉売却で得た六切で、長屋建築に要した費用（概算四切）をまかなえたようである。

喜太夫は木挽き等の人足賃を銭（文）で支払い、作料（材料費か？）を金《きん》で支払った。杉の売却代金も金である。少額は銭で、高額は金で決済したことがわかる。

長屋の概要は不明であるが、翌年矢嶋家では二人を解雇し、三人を新たに受け入れている（次頁参照）から、その者たちを住まわせる長屋を建てた可能性がある。

享保一六年（一七三一）

人別送り状、矢嶋家中に三人引き取る

一　牡鹿郡蛇田村高屋敷御百姓治助の母五六歳、添人清太郎三七歳、添人五郎二七歳、右三人の者どもより、矢嶋喜太夫様御家中弥惣兵衛方にひっこみたいとの申し出がありました。よって当村の御改帳面よりその者どもを減じますので、其元の帳面に書き入れてください。右三人の者どもは切支丹《きりしたん》類族ならびに御金山定判持ちでは御座いません。

右の受証を早速出してください。以上

享保一六年正月　　　　同郡同村肝入　□兵衛判

矢嶋喜太夫様御内

蛇田村肝入から矢嶋家宛の人別送り状である。治助母五六歳、添人清太郎三七歳、添人五郎二七歳の三人が、矢嶋家に引き取られた。

「御金山定判持ち」は、入れ墨をされ、鉱山で働かされた前科者のことであろうか？

「矢嶋喜太夫様御家中弥惣兵衛方」とあるが、矢嶋家の家臣たちを取り仕切るのが弥惣兵衛ということであって、蛇田村から送られてきた三人を弥惣兵衛が引き取ったわけではない。

当時弥惣兵衛のような給人家中筆頭者を「ご家老」などと呼んだ。「ご家老」は主人に代わって実務的な処理をすべて担当した。

暇証文、矢嶋家中の二人解雇

一 矢嶋喜太夫家中の者、清五郎二七歳。この度家中を永代暇《いとま》になりました。
この者は切支丹類族ならびに御金山定判持ちでは御座いません。
よって暇証文、件の如し。
享保一六年正月二九日
矢嶋喜太夫内
加藤弥次衛

市川三右衛門様御内
奥田又右衛門様

一 矢嶋喜太夫家中の者、十平二五歳。この度家中を永代暇になりました。
この者は切支丹類族ならびに御金山定判持ちでは御座いません。
よって暇証文、件の如し。
享保一六年正月二九日
矢嶋喜太夫内
加藤弥次衛

矢嶋家から二人の若者が解雇された。一人は奥田又右衛門に引き取られたことがわかるが、もう一人の十平は引き取り手がない。十平は自分の生家があれば生家に戻り、「暇証文」を村肝入に提出して村の人別に入れてもらうことになる。引き取り手がないからといって、やけになって暇証文を廃棄したりしてはならない。暇証文は身分証明書なので、紛失すると「無宿者（浮浪者）」になってしまう。

解雇された二人は「家中の者」と表現されているが、実質は「奉公人稼ぎ（手間取り）」ではないかと思われる。

矢嶋家では蛇田村から三人を受け入れ、同時に二人を解雇した。金銭のやりとりは記録されていないが、後に見るように引き取られた母子（女一人・男一人）は「宿守」で、男子は「人形《ひとがた》」（借金の形）と表現されている。「前借金の奉公人稼ぎ」と思われるが、人身売買の可能性も完全に否定することはできない。

加藤弥惣兵衛と加藤弥次衛は父子であろう。後に見るように、矢嶋家には二〇人が登録されていたが、加藤弥惣兵衛は家中の筆頭であった。

江戸の大火

一　享保一六年四月一五日、昼八つ時（午後二時頃）、江戸目白不動西、夏目吉十郎殿より出火。一六日まで延焼。類焼したのは、大名六三人、上屋敷五六軒、中屋敷一二軒、下屋敷三軒、御旗本一七九軒、医師九軒、寺九ヶ寺、町方四四町、御用屋敷一軒、濱の御殿□□、虎ノ門、幸橋残らず、御廐二ヶ所、焼けました。

『武江《ぶこう》年表』（斎藤月岑《げつしん》編・一八五〇年刊行）には、次のように記載されている。

享保十六年四月十五日、西北大風、午《うま》下刻目白台武家方より出火、其の辺のこらず不動堂も焼失。関口水道町改代町辺、中里赤城の社辺武家組屋敷、牛込市谷辺、逢坂上下御堀端まで類焼。同時麹町三丁目続番町へ飛火、半蔵御門外より御堀端残らず、外桜田霞が関辺諸侯藩邸、虎御門幸橋御門焼く。愛宕社残り、久保町芝口通町筋神明宮前、鉄砲洲海辺に至り暮六時鎮まる。武家町屋敷寺社夥しき延焼なり。

『見聞録』と『武江年表』を比較すると、大火の発生時刻、発生場所、延焼範囲はほぼ一致するが、前者が鎮火を翌日としているのに対して、後者はその日の暮六時《むつどき》としている。どちらが正しいか判断しかねる。

喜太夫は大火発生の二ヶ月ないし四ヶ月後に江戸からの情報を元に須江村で記録した。斎藤月岑は大火から約一二〇年後に江戸で古記録を調べて書き記した。喜太夫は江戸の地理に不案内のためか焼失地域の記述は省略して消失軒数のみ記録した。斎藤月岑は江戸在住のためか消失地域に着目している。ともあれ、江戸の情報が数ヶ月後にはかなり正確に須江村まで到達したことがわかる。

広渕村惣水落樋差し替え

一　杉一四本、廻り三尺より三尺六、七寸まで。
右の通り須江村矢嶋喜太夫御預御林にて伐採しました。
但し、広渕村惣水落樋御差し替えに用いるためです。以上
享保一六年八月　　　　矢嶋喜太夫御預御山守　弥惣兵衛
高橋源十郎様

一　一四本　杉末木　長さ一間半、廻り一尺五、六寸より二尺二、三寸まで。
三八丸　一丸につき、三尺丸キ
右二口の通り預かりました。
但し、広渕村御普請につき、杉木一四本を伐採した枝、末木です。以上
同年八月　　　　同人内　弥惣兵衛
高橋源十郎様

一　杉末木二四本　廻り一尺五、六寸より二尺二、三寸まで、長さ一間半。
外御用立て分

右二口、合わせて三八本を二〇九文で、一二月一四日に萱場善左衛門へ納めました。

和渕村惣水落埋樋差し替え

一　杉二四本、廻り三尺より三尺五、六寸まで。
右の通り、須江村矢嶋喜太夫御預御林にて伐採しました。
但し、和渕村惣水落埋樋御差し替えに用いるためです。以上
享保一六年一〇月　矢嶋喜太夫御預御山守　弥惣兵衛
男沢七太夫様

四八丸　杉枝葉一丸につき三尺丸。
右二口の通り、預かりました。
但し、和渕村御普請所の御用木として伐採した枝、末木です。以上
同年一〇月　同人内
弥惣兵衛
男沢七太夫様
右二口、合わせて八六丸を三一八文で、一二月一四日に萱場善左衛門へ納めました。

広渕村惣水落樋と和渕村惣水落埋樋を差し替えするために、矢嶋家で管理する御林から杉を伐採したときの証文である。広渕村惣水落樋の分は八月に、和渕村惣水落埋樋の分は一〇月に伐採し、杉丸太を役人に引き渡した。杉の枝や末木は矢嶋家が預かっておいて、一二月一四日に清算したようだ。二〇九文、三一八文はそのときの清算額であろう。

高橋源十郎は広渕村普請担当役人、男沢七太夫は和渕村普請担当役人である。

御林を管理する矢嶋家は御用木を無料で藩に納める見返りとして、通常は、末木（間伐材）や枝木を破格の値段で払い下げてもらったようである。新田開発により一八世紀初頭に仙台藩の人口はピークに達し、当時燃料不足が深刻な社会問題になっていた。電気もガスも石油も石炭もない時代、薪が唯一の燃料であったから、杉の枝葉や末木も貴重な財産であった。

享保一七年（一七三二）

飯米買付

一　玄米七石なり。右の通り遠田郡涌谷町にて買い求め、当月より七月まで何度かに分けて深谷須江村まで運送する書付を発行してください。拙者は深谷須江村に住んでおります。身代は直高《なおし》五貫七四八文、人数は一九人です。台所飯米不足につき此の如し。以上

享保一七年閏五月

矢嶋喜太夫　判

一　大麦八石なり。右の通り桃生郡飯野川町にて当月より来月中までに買い調《ととの》え、八月中までに何度かに分けて陸と川を通して深谷須江村まで運送する書付を発行してください。拙者身代は高五貫七四八文、上下人数二〇人、台所飯米不足です。須江村居住で、飯野川へは道のりが近く都合がよいので、此の如し。以上

享保一七年六月

矢嶋喜太夫　判

□□□□殿

矢嶋喜太夫が飯米（自家消費用の米）を涌谷町で、大麦を飯野川町で購入し、その運送許可証の発行

を申請した記録である。

従来の研究では、仙台藩では飯米が余ったときでもそれを勝手に売買することは禁じられたといわれてきた。しかし『見聞録』に飯米の運送許可を求める記録は繰り返し出てくるけれども、飯米売買自体の許可を求める記録はない。代官所から飯米売買の承認を得るのは、それほど困難ではなかったようである。また、米の大生産地に住む喜太夫がいつもいつも他郡から米麦を購入するのはきわめて不自然である。同郡内で飯米を売買する（融通し合う）ことは事実上許されていた可能性が高い。

大麦を飯野川町から須江村まで「川を通して」運送するためには、北上川を遡ることになるが、それでも駄送するより「道のりが近く都合がよい」といっている。

矢嶋喜太夫の知行高は、田代六六七文、畑代四二一文である。矢嶋家に一九人が暮らしているから、知行所で収穫した全量を飯米に回したとしても不足する勘定になる。

【コラム】矢嶋喜太夫の身代五貫七四八文

矢嶋家の身代は、左の通りである。

①知行高一貫八八文
②御切米五両
③御扶持方四人分

ところが、喜太夫はここに至って突然、直高《なおし》五貫七四八文と記述している。②と③を知行高に換算したのである。

②を知行高に変換するには、金五両で購入できる米の量（石高）を二倍する。なぜなら、御切米（五両）は全額収入になるのに対して、知行高では五公五民とすると半分は耕作者（百姓）の取り分で、残り半分が武士の取り分になるからである。同様に③の御扶持方も、実際に受け取る米の量を二倍にして知行高に変換する。

矢嶋は、御切米五両を当時の米相場（金一分で玄米八斗五、六升）で計算して、知行高三貫四三九文と変換した。御扶持方四人分は一五俵三斗三升であるが、俵代を四五文差し引かれる。すなわち俵一俵の代金が三文というわけであるが、銭の三文ではなくて、知行高の三文、すなわち米三升と読み替える。米俵一俵を四斗として計算すると、矢嶋の身代は、左のようになる。（「一文」はすべて「米一升」のこと）

①知行高一貫八八文……一〇八八文
②御切米五両……三四三九文
③御扶持方四人分……一二二一文
右、合わせて、五七四八文（五貫七四八文）

米価が三倍に高騰すれば御切米五両は知行高一貫文になってしまう。実際に、次に見るように、この二ヶ月後には西日本が凶作になり、江戸の米価は高騰した。矢嶋も、これ以降、知行直高五貫七四八文と書くことはしなかった。

雲霞大発生、各地で御祈祷

雲《うん》霞《か》と申す虫が喰った御領地の覚え

肥前熊本五四万五〇〇〇石　細川六九殿　筑後□□四万石　松平筑後守殿

筑後柳川一一万九六〇〇石　立花飛騨守殿　肥前唐津七万石　土井大飯守殿

伊予松山一五万石　大林河内守殿　豊前中津一〇万石　奥平大膳太夫殿

右のところは、今年の収穫が一〇分の一も有るか無しか。

播州明石六万石　松平□□□殿　日向館五万石　伊藤修理殿

肥前佐賀三五万石　松平信濃守殿　肥前小城七万四〇〇〇石　鍋嶋加賀守殿

肥前平戸六万三〇〇〇石　松浦肥前守殿　肥前松田一万石　松浦内膳正殿

伊予吉田三万石　伊達若狭守殿　伊豫宇和島一〇万石　伊達遠江守殿

伊予小松一万石　一柳兵部太夫殿　豊前岡七万四〇〇〇石　中川内膳守殿

豊前佐伯二万石　毛利周防守殿　豊前臼杵三万三〇〇〇石　松平市正殿

この外の御大名様方も追々に御祈禱なされました。
稲穂に悉《ことごと》くついた、光る虫どもは夜中に喰い廻り、一穂も残りませんでした。山林は全部枯れてしまい、竹木草花までも一切なくなってしまいました。以上
享保一七年八月一七日
右の外にも追々に御祈禱。

有馬中務太夫殿
松平土佐守殿
松平淡路守殿

右の通りお祈りがなされたそうです。
・江戸より河田市右衛門を派遣しました。
・立花様より一〇〇〇俵を此方様へ御無心された由。
・遠江守様よりの御無心の員数はわかりません。
・右の虫は、すがりなどのように人をも刺すそうです。
・飛んでくる時には、空が暗くなるそうです。
・虫の大小はわかりません。以上
この虫は寅光□□。古来に七出《しちしゅつ》(悪疾のあること)のところ、すなわち兵乱のあったところに出る由。
虫の大きさは、廻り一寸九分ほど、長さ三寸あまり、尾に劒あり。

享保一七年（一七三二）、西日本一帯でいなごや雲霞が大量に発生して大凶作となり、全国的な飢饉となった。「享保の飢饉」と呼ばれる。

この記録から、西日本では大発生する雲霞は兵乱による死者の怨霊であるという観念があり、怨霊を鎮める祈禱（虫送り）を行ったことがわかる。この報告書を書いた仙台藩士は「虫送り」をよく知らないらしく、「兵乱のあったところに出る由」と伝聞体で書いている。「虫送り」は東北地方ではほとんど行われなかったからである。

「虫送り」ではサネモリサマ（実盛様）と呼ぶ麦わらで作った大きな人形を、担いだりわら馬に乗せたりして村境まで運ぶ例が多い。サネモリサマというのは、斎藤実盛のことで、実盛は乗馬していた馬が稲株につまずいて転倒したところを討たれたので稲の虫に化したとか、田の中で討たれるときに「稲の虫となりて怨みをはらしてやる」と言ったという言い伝えがある。この斎藤実盛は平氏に仕えて木曽義仲軍と戦ったとき、決死の覚悟で白髪を黒く染め錦の直垂《ひたたれ》を着て出陣し戦死したことが『平家物語』に描かれ、能『実盛』の題材にもなっている。サネモリサマのわら人形は村境まで送られた後焼き捨てられたり川や海に流されたりした。現在は農薬による駆除が行われるようになったので「虫送り」は廃れたが、地域の伝統行事として存続している例は四国や中国地方に残っている。

この報告書は八月一七日付。八月は普通なら収穫時期であるが、この年は出穂《しゅっすい》したばかりの稲穂を雲霞に食い荒らされた。雲霞対策としては、当時、怨霊を鎮める祈禱や虫送りをする以外に打つ手はなかった。

仙台藩は江戸詰の河田市右衛門を被害の調査のために西国に派遣した。筑後柳川（河）藩が仙台藩に米を一〇〇〇俵「無心」してきた。柳河藩主立花氏は陸奥《むつ》棚倉から元和九年（一六二三）筑後に移封になったが、伊達吉村は四年前わざわざ棚倉経由で参勤下向している。当時伊達氏と立花氏が個人的に親しかったことが考えられる。

伊予宇和島藩は仙台伊達の親戚である。宇和島藩からの「無心の員数」はまだ明確にならないというものの、仙台藩では何らかの援助をしなければならないと考えていたことがわかる。

この飢饉により江戸で米が高騰し、仙台藩は多額の利益を上げ多年の財政難から脱することができたといわれている。

「すがり」は東北の地方名で、ジバチのこと。

矢嶋喜太夫実弟、太田権右衛門落命

一　太田権右衛門は八月二三日に仙台に戻った。二九日から具合が悪くなり、しだいに容体が悪化した。我等は九月一四日に見舞いのため仙台に登り、一七日に須江村に帰った。権右衛門は小寒（風邪）の様子だった。同月二六日に清蔵を仙台に見舞いに行かせた。一〇月九日松右衛門を召し連れて登仙。一八日自分だけ村に帰り、松右衛門は病人に付け置いた。一一月朔日権右衛門の容体が悪化したと知らせがあったので三日再び登仙したところ、いよいよ以て病状が重く、四日夜、落命。□□寺で弔うことになった。戒名は寒空道雪。五日晩に葬礼を済ませて、六日に村に帰った。

一一日に広渕寺で修行した。

死亡した太田権右衛門は矢嶋喜太夫の実弟である。一〇年前に仙台の太田権助の養子になったのだが、風邪をこじらせて一一月四日夜に亡くなってしまったのである。

喜太夫は家中の清蔵を見舞いに行かせたり、自分も松右衛門を伴って仙台まで見舞いに行ったりした。仙台の寺で葬式を済ませ一一月六日須江村に帰った喜太夫は、一一日に広渕寺（矢嶋家の菩提寺）であらためて修行（供養）した。

このあと太田家の家督をめぐって矢嶋家と永倉家の争いが始まる。

太田家の家督争い

一　一一月二九日、板橋長左衛門殿が仙台から御下りになり、太田家の家督について話し合った。七五郎（太田権助の実子三右衛門の倅）と只之丞（母方の従弟の次男）はどちらも家督に貰い受けることは無理そうだという結論を得て、板橋長左衛門殿は一二月三日に登仙し、その旨を太田権助様に報告してもらった。（中略）

永倉六左衛門方（母方の親戚）よりとやかく言って来たので七五郎について家督窺いを出してみたが、八日ほどかかって「罷り成らず」との返事であった。再び板橋長左衛門殿が仙台から御下り成られて、とやかくして二四日ようやく廻判紙（家督願書）を作成した。

太田権助の実子三右衛門は一〇年前の「養子家督願」に「出奔した」と記されていたが、じつは駆け落ちでもした後、他家に養子に入ったものと思われる。そこで太田権助は家督（権右衛門）を矢嶋家から迎えたのだったが、その家督が亡くなったので、実子三右衛門の倅（権助の孫）七五郎を家督にもらえないかと三右衛門の養子先に「家督窺い」を立ててみたが、断られてしまった。そこで再び矢嶋家から養子を迎え入れようとしたところ、母方の親戚永倉六左衛門は次男・只之丞一七歳を家督にしたいといって譲らない。

仙台の親戚、板橋長左衛門は仙台と須江村の間を何度も往復して、矢嶋と永倉の間に立ち、調停している。矢嶋と板橋は、年も押し詰まった一二月二四日にようやく「廻判紙（家督願書）」を作成するところまでこぎ着けたのである。

享保一八年（一七三三）

家督願の案

一　太田権助、当年六二歳。養嫡子太田権右衛門が昨年冬一一月五日に病死しましたので、家督が居なくなってしまいました。そこで拙者の実甥・矢嶋喜太夫の養弟助兵衛、当年一九歳を家督にしたいと思います。

太田権助の身代は御切米二両、御扶持方四人分です。それをゆくゆくは助兵衛に譲りたいと存じます。

矢嶋喜太夫の身代は御知行高一貫八八文、御切米五両、御扶持方四人分です。

母方従弟永倉六左衛門次男只之丞は当年一七歳ですが、片廻り従弟です。

太田権助は高齢でその上病身ですので、すぐに跡を継がせるには右助兵衛がちょうど良い年頃です。

其の外に親類の内に養子にすべき年頃の者はいません。

矢嶋喜太夫は布施孫右衛門御番組で、右願の趣を孫右衛門方にもお伝えしてあります。

御憐愍を以て願いの通りご承認くださいますよう、双方の親類連判をもってお願い申し上げます。以上

享保一八年正月

太田権助
矢嶋喜太夫

永倉六左衛門
板橋長左衛門

権右衛門の死後一ヶ月間、板橋が駆け回り、矢嶋家から太田家に家督を出す調停案をまとめ、永倉六左衛門に提示した。判断の基準は血筋の近さと年齢であった。血筋では、喜太夫の養弟助兵衛は太田権助の又甥にあたり、永倉只之丞は太田権助の片廻り従弟にあたる。年齢の問題は、太田権助が六二歳と高齢ですぐにでも引退したい意向なので、すぐに跡を継がせるには助兵衛一九歳の方が、永倉只之丞一七歳より都合がよい。したがって血筋からも年齢的にも矢嶋助兵衛が適任という結論になるのだが、次に見るように永倉六左衛門はまだ納得していない様子である。

家督願、文言直し

一 享保一八年正月一一日、助兵衛家督願を作成して永倉六左衛門に示したところ、一二日文言に修正を加えて返してきた。また一五日に書き直して六左衛門に持っていったところ、一七日文言を修正して返してきた。そこで六左衛門殿から家督相続願を出してくれと言ってやったところ、またもとやかく言うので、今度は六左衛門が望む通りに文言を認《したた》め直して、二六日に太田権助様が登仙して役所に提出した。

右の家督願に永倉六左衛門がとやかく何度も修正を加えてきたので、喜太夫らはあきれかえり、六左衛門の望む通りに文面を作成して、仙台の役所に提出した。

なお、家督願は矢嶋喜太夫が須江村で作成。永倉も桃生深谷在住。太田と板橋は仙台定府であるが、願書作成時は二人とも矢嶋家に逗留していたと思われる。

次に、永倉六左衛門の注文通りに作成された家督願を見てみよう。

役所に提出したまわりくどい家督願

一　太田権助は当年六二歳ですが、養嫡子同氏権右衛門が昨年冬一一月五日に病死しましたので、家督が居なくなりました。そこで親類の内、拙者の又甥、矢嶋喜太夫養弟矢嶋助兵衛当年一九歳を家督にしたいと思います。

其の外に、母方の従弟、永倉六左衛門次男只之丞当年一七歳がいます。

助兵衛は矢嶋権兵衛夫妻の子の庄太夫の子です。

矢嶋喜太夫は右権兵衛と後妻（権助の姉）との間に生まれた子です。庄太夫が病身だったので、家督を庄太夫から喜太夫に相続しました。そこで助兵衛は喜太夫の養弟になりました。

永倉六左衛門次男只之丞は太田権助母方の外舅永倉与左衛門孫です。太田権助とは片廻りの従弟で御座います。

権助は高齢でその上病身です。助兵衛は権助に代わってすぐに御奉公するにはちょうど良い年頃ですので、助兵衛を家督にしていただきたくお願い申し上げます。

太田権助の身代は御切米二両、御扶持方四人分です。

矢嶋喜太夫の身代は御知行高一貫八八文、御切米五両、御扶持方四人分です。

この外に、近き親類の内に権助家督にふさわしい年頃の者はおりません。

権助実子三右衛門の倅、七五郎につきましては、最前、三右衛門養子先に七五郎を家督にもらえないかと伺いを立てましたが、断られました。

御憐愍を以て願いの通り助兵衛を家督としてご承認くださいますよう、双方の親類連判をもってお願い申し上げます。以上

享保一八年正月

太田権助
矢嶋喜太夫
永倉六左衛門
板橋長左衛門

靭肩《じんき》殿

靭肩は太田権助の上司。永倉六左衛門の望む通りの文面といっても、永倉只之丞を家督に願っているわけではない。結論は変わらないのである。

なおこの記録から喜太夫の実父・正吉が一時期権兵衛を名乗っていたことがわかる。

御帳役から訂正指示、再々度の願書

右願書を御帳役衆に提出したところ、願書に不都合なことがあるといって返された。指摘された点を直して二月五日に再提出したが、一二日にふたたび訂正すべしとのことで返された。そこで直して再々度、左の通り願書を出した。

一　太田権助は当年六二歳ですが、養子太田権右衛門が昨年冬一一月五日に病死しましたので、家督が居なくなりました。そこで権助又甥、矢嶋喜太夫養弟・助兵衛当年一九歳を家督にしたいと思います。右喜太夫は兄矢嶋庄太夫の家督を相続しましたが、その後に庄太夫の子・助兵衛が生まれました。したがって助兵衛は権助の又甥にあたります。右喜太夫は実甥にあたります。喜太夫が兄庄太夫の家督になったので、又甥にあたります。

太田権助の身代は御切米二両、御扶持方四人分ですが、末末には右助兵衛に譲りたいと存じます。

矢嶋喜太夫の身代は御知行高一貫八八文、御切米五両、御扶持方四人分です。

其の外に、母方の従弟、永倉六左衛門次男只之丞当年一七歳がいます。片廻りの従弟になります。権助は高齢でその上病身です。助兵衛は権助に代わってすぐに御奉公するにはちょうど良い年頃ですので、早速御奉公をさせたいと思います。この外に同姓他姓ともに近き親類の内に権助家督にふさわしい年頃の者はおりません。

矢嶋喜太夫は布施孫右衛門御番組で、右願の趣を孫右衛門方にもお伝えしてあります。

御憐愍を以て願いの通り助兵衛を家督としてご承認くださいますよう、双方の親類連判をもってお願

い申し上げます。以上
享保一八年二月一五日
太田権助
矢嶋喜太夫
永倉六左衛門
板橋長左衛門
靱屓殿

再々度提出の願書である。御帳役衆が文面を厳密に吟味していることがわかる。書き直すたびに文面が整理されてきているが、それでも不必要な文言が多いようだ。

付札、またまた訂正指示

右の通り認《したた》めて提出したところ、二二日御番頭衆から呼び出しがあり、太田権助が出頭したところ、御奉行衆より左の付札の付いた願書が返された。

・片廻りより又甥は近き方にあたる。只之丞は片廻りで廻り遠くなるので、只之丞を願書に書き込む必要はない。

・同姓には遠い親戚もあるように読めてしまう。幾廻りの者ならいるのか。もし該当する者がいないのであれば、近きという文言を除きなさい。

右の指示通りに認め直して提出し、二七日に受理されました。

要するに永倉只之丞に関する文言は不必要であるという指摘。最終的に書き直された家督願の控えは残されていないが、「付札」で指摘された点を削除した家督願はすっきりした文言になったはずである。

家督を仰せ渡される

一　同年三月七日、御城において奉行衆黒沢要人殿、大條監物殿、亘理石見殿御列席にて家督を仰せ渡されました。

御目見得

一　同年三月八日、御目見得願を提出しました。

同月一五日、御間おいて御目見得を仰せ付けられました。御申次、古内新十郎殿

御番頭上郡山靫肩殿、脇番頭佐藤三右衛門殿　太田権助

御番頭布施孫右衛門殿、脇番頭本名九左衛門殿　矢嶋喜太夫

我等は助兵衛を召し連れ、同月一〇日に仙台に登り、御目見得を済ませて一八日に村に帰りました。

太田権助家督・太田権兵衛が前年一一月五日に病死してから、矢嶋と永倉の対立を経て、二月二七日家督願を提出し、三月七日家督の言い渡しをうけた。その翌日早速御目見得願を提出した。普通は御目見得まで一ヶ月待たされるところ、七日後の一五日に御目見得を果たした。

藩主吉村がこの年三月二八日参勤交代のため仙台を出発しているから、三月一五日の御目見得はぎりぎりのタイミングだったのである。帳役衆も藩主の参勤出府前に一件でも多く願書を処理すべく動いたものと思われる。

ともあれこれで、御切米二両と四人扶持の太田家家督をめぐる一連の騒動は決着した。

【コラム】御目見得

『見聞録』に「享保一八年御扶持方割渡」という記録がある。それによれば、御扶持方の人数は六九二四人で、その多くは三人扶持（三七三五人）、四人扶持（二〇四八人）である。『宮城県史』では仙台藩の直臣は約一万人と推計している。そのうち約三〇〇〇人が知行を与えられ、約七〇〇〇人が扶持方だったということになる。

『見聞録』によって直臣は太田助兵衛のような扶持方に至るまで藩主に御目見得したことがわかる。一万人の家臣が二〇年に一度の割合で代替わりしたと仮定すると、藩主は在国中毎日のように五人、一〇人と「御目見得」をしなければならない計算になる。

ちなみに仙台藩では直臣が約一万人、陪臣（直臣の家来）が約二万四〇〇〇人であったが、直臣は家禄の多寡にかかわらず「御目見得」、陪臣は家禄が多くても「御目見得以下」という格付けだった。

切支丹証文案紙

切支丹証文案紙
一　矢嶋喜太夫儀、妻子は申すに及ばず内の者宿守等まで切支丹宗門では御座いません。右喜太夫儀、妻子とも曹洞宗にて当寺旦（檀）那に御座います。もし訴人もいましたならば申し開きをします。以上
享保一八年二月朔日　　　　桃生郡深谷広渕村曹洞宗　広渕寺　安室
布施孫右衛門殿

一　切支丹宗門御改は前々仰せ出された通りですが、此度はいよいよ以て御穿鑿《せんさく》を仰せ付けられました。
拙者儀、妻子は申すに及ばず内の者宿守等まで
上下合わせて二〇人
内　一　男一二人　内　人形《ひとがた》とも宿守一人

一　女八人　　内　宿守一人

右人数の通り、僉議《せんぎ》を遂げましたが、切支丹宗門の者は御座いませんでした。もし今後不審なる者がおりましたならば必ず報告します。

右の通り、御改につき中間五人組の証文と拙者宗旨の寺請証文をお届けします。もし訴人もいましたならば、申し開きをします。以上

享保一八年二月朔日　　　　　　矢嶋喜太夫

住直　花押

孫右衛門殿

「切支丹証文案紙」は矢嶋助兵衛の家督願書に添付したものと思われる。結婚、奉公などで住所地を変更する（別の人別帳に入る）とき、檀那寺から御法度の宗門ではないことを証明する「寺請証文（切支丹証文）」を発行してもらい、人別送り状に添付したのである。

右の一通目は矢嶋家の檀那寺広渕寺から喜太夫の上役・布施孫右衛門宛の寺請証文、二通目は喜太夫から上役宛の切支丹証文である。

なお、二通目の証文の隅に小さな字で矢嶋家二〇人について左記の書き込みがある。

二〇人　上四人　弥惣兵衛　弥次平　龍蔵　女二人

伊右衛門　清蔵　林八　かえ　せつ　松右衛門

伊兵衛　たま　せき
宿守母子二人

矢嶋家は家中の者まで含めて総勢二〇人。そのうち上四人は喜太夫の家族である。喜太夫、妻、幸之丞（嫡子）、おたり（娘）の四人。弥惣兵衛は矢嶋家の家臣（陪臣）で加藤姓を持つ。広義では武士身分とされる。弥次平（弥次衛とも）はその息子と思われる。

注目すべきは「男一二人　内　人形とも宿守一人」。人形は借金の形（抵当）として奉公している者をいう。「宿守母子二人」とあるので、宿守母子は二年前（享保一六年）正月に引き取られた三人のうちの二人であることは間違いない。二人の実家（蛇田村高屋敷百姓治助）が喜太夫から借金をして、その「質物」として妻子を奉公に出したものと考えられるが、質物（人形）とされたのは男子一人であった。

「中間《ちゅうげん》五人組」の証文は記録にないが、弥惣兵衛以下家中により構成された「五人組」と思われる。直臣たちの「番組」、陪臣・中間たちの「五人組」、百姓たちの「五人組」と、身分ごとにそれぞれ連帯責任を負う組織が作られていたのである。

医師証状添付のこと（仙台藩の御触）

一　病気につき御奉公御免の願い（病気辞職願）をはじめ、医師証状を添付することを近年中止していましたが、左の場合は今後医師証状を添付して願書を提出すること。
一　病気につき御奉公御免の願
一　病気につき養子指し除き願
右は現在療治中の者ならびに最前療治を受けた者
一　病気につき他国詰御免の願
一　病気につき江戸詰御暇《おいとま》願
右は現在療治中の者
右の通り仰せ付けられましたので、兼ねての如く（いつものように）触を出します。以上
享保一八年三月六日　要人

病気を理由に御奉公や江戸詰、他国詰の勤務を辞退する者が増えたことが、背景にあると考えられる。しかし根本的には、給与制度に問題が内在していたのである。

武士の給与を家禄という。家禄は具体的な勤務（労働）の対価ではない。家禄は「人」ではなく「家」に対して支給される。したがって病気で働けなくても、跡継ぎが幼少で勤務に就くことができなくても、その「家」に家禄が支給された。

また、「奉行」に抜擢されたからといって、原則として加増されることはない。「奉行」にふさわしい家禄をもらっているから任命されたのであって、その逆ではないからだ。したがって「奉行」職を解かれても家禄は減じられない。

江戸詰、他国詰（仙台藩は常陸《ひたち》・近江《おうみ》・下総《しもうさ》にも領地があった）は往復の旅費をはじめ何かと物入りのことが多かった。しかしそれも家禄の中でまかなうのが原則であったから、敬遠されるのは当然であった。

封建制度では「家格」が何よりも重視された。才能があるからといって軽い身分の者を重役に抜擢し加増したのでは、たちまち家格がめちゃくちゃになり、封建制度が崩壊してしまう。

武士がしだいに窮乏する中で病気を理由に勤務を辞退する者が増え、藩としては御奉公御免願を安易に認めるわけにはいかないので、医師の診断書の添付を求めたのである。

年長者の養子禁止（仙台藩の御触）

一　養子願についてはこれまで五〇歳以上の者も養子にすることを認めてきたが、今後は五〇歳以上の者を養子にすることを認めない。

急病養子願のときは伯父、兄を養子にすることを認めてきたが、たとえ急病であっても今後は伯父、兄を養子にすることは認めない。

苗跡《みょうせき》（名跡）願は相続の定めに従うことなので、五〇歳以上の者ならびに伯父兄でも認める。

右の通り仰せ付けられました。その心得、御家中のこらず相触れなさい。

享保一八年三月六日　要人

石見

五〇歳以上の者と、伯父や兄を養子にすることを禁じた法令である。

養子は家の跡取り（家督）であり、養子縁組は家の継承を目的に行われる。したがって五〇歳以上の高齢者を養子にしても家の安定的な継承という観点から好ましくないと判断されたのであろう。

伯父や兄を養子にすると、伯父や兄が養親の子どもになってしまう。これは身分制社会が重んじる「長幼の序」に反する。法令の趣旨としては右の通りなのだが、なぜこの時期にこの法令が出されたのか。

考えられることは二つ。一つは身分秩序の引き締めを図ったこと。安定的な家の継承や長幼の序を無視した養子縁組を禁止して、秩序の再構築を目指したと考えられる。もう一つは少子化の影響である。この時期（一七〇〇年代前半）仙台藩の人口は完全に停滞ないし減少傾向になった。一家族は平均して四、五人、多くても七人程度になった。矢嶋喜太夫も四人家族である。

そのような中で養子は、同姓で、血筋の近い、年下の者となると、適任者が見つけにくかったと思われる。そこで勢い高齢者や自分より年長者を養子にするケースが多くなったのではないかと考えられる。

くわえてこの時期に、窮乏した武士が金持ちの年長者と養子縁組する例が出てきたことが考えられる。幕末に多くなる御家人株の売買は、金持ちが金を払って御家人の養子になり、その家の家禄を相続するという形で行われた。この法令の背後にはそのようなことが行われ始めたという事情が隠れているのかもしれない。

天下の疫病、万民床に臥す

一　同一八年七月一一日より家族の者が病気になり床《とこ》に臥《ふ》しました。私は一二日より臥して、二八、九日より起き出しました。しかるところ御国中（伊達領国中）残らず病気になり床に臥しました。江戸、京都、大坂、日本中、七月一〇日頃より二〇日頃まで万民残らず病気になりました。天下の疫病と思われます。変事なのでここに記録しました。

もっとも人は多く死にませんでした。江戸城内紅葉山で飼育されていた鷹は、大分に死んだそうです。当国（仙台藩）御鳥家《とや》の鷹も三〇羽あまり死んだそうです。病気持ちの老人、難産の婦人は死亡しました。

一　七月一三日、一四日、一五日には御分領（伊達領）残らず上下万民一度に床に臥しました。これはただ事ではありません。天災が来たので諸人が一度に病気になったのです。

江戸の上屋敷でも同じ日に病気になり臥したとのことです。しかし上下とも恙《つつが》なく起き上がることができたそうです。

桑名より東国は死者が無く、桑名より上方は半分死んだということです。京都は死人が多くなく、大坂は町人どもが大分に死んで葬ることができず、船に積み海中に捨てた由。さてさて胸の痛むことです。これ如何なる年ぞや。天運改まる年に当たるか。甲寅《きのえとら》（来年）は天運が改まることありと思われます。

この記録を喜太夫が書いたのは、記録の配列から同年一〇月頃と推定される。疫病の流行が一段落し、全国から疫病に関する情報が集まったところで、この記録を書いたようである。

疫病が流行したのは旧暦七月、盆行事の最中である。喜太夫は七月一二日より二八、二九日まで床に臥した。仙台領だけでなく西国まで国中が同時に疫病に見舞われた。

「もっとも人は多く死にませんでした」「江戸上屋敷でも……上下とも恙なく起き上がることができた」というのは、事実に即した記録であろう。一方、「桑名より東国は死者が無く、桑名より上方は半分死んだということです」以下の記録は、要するに「うわさ話」の域を出ない。

『武江年表』（斎藤月岑編）はこのときの疫病について次のように記録している。

七月上旬より疫病天下に行はる。十三日、十四日、大路往来絶えたり。藁《わら》にて疫神の形を造り、これを送るとて鉦《かね》太鼓をならし、はやしつれて海辺に至る。筠庭《いんてい》云ふ。このとき江戸のみならず、海内《かいだい》均しくこれを憂へ、老幼ともにのがれし者は、百人中一、二人に過ぎず。古へより未曽有のことなりしと云へり。

太田助兵衛登仙祝儀振舞

一　享保一八年一〇月二七日太田助兵衛が養子先の仙台に登るので祝儀振舞をしました。

壽慶老、清三郎殿、七九郎殿、庄右衛門殿、勘左衛門殿、五左衛門殿より鳥目（銭）二〇疋。

孫四郎殿、五左衛門殿、弥三郎殿より小鮒二升。左平次殿より鯉一〇。□十郎方より小鮒一升。吉左衛門より中鮒七つ。市右衛門様、安右衛門様より生《なま》貝。宋春老より□□五つ。十平より□子一。長助より菟《うさぎ》一。（中略）清蔵より小鮒一升。与三郎殿小鮒二升。大曲より助兵衛方へ二〇疋。□七よりあさり二升。筒場下より二〇疋。（中略）□紙一〇帖。源左衛門殿、□□□殿より生貝一〇杯。上下合わせて五五人。
二九日　安内すい《カカ》一〇。弥惣右衛門、□助より小鮒二升。助左衛門方より鮒一〇。長右衛門内儀（妻）左衛門方よりはらめか《カカ》七本。清右衛門方より小鮒二連。上下二五人。
酒一斗六升、玄米四斗なり。肴代一五三〇文。
一一月三日　庚辰　門出吉。太田助兵衛に弥惣兵衛を御供に付けて仙台に登らせました。

矢嶋助兵衛は、同年二月に太田権助の家督養子（太田助兵衛）となり、三月に御目見得した後も、須江村に留まっていたことがわかる。助兵衛は数えで一九歳。

喜太夫は助兵衛を仙台に送り出すにあたり二回に分けて盛大に「祝儀振舞」をした。一回目は一〇月二七日、出席者五五人。「殿」や「様」を付ける身分的に上の人々を招待した。二回目は二九日、出席者二五人。敬称を付ける必要のない「身内」を招待した。「祝儀振舞」の案内をもらった者は手ぶらでは出席できない。御祝儀として「鳥目」を持参する者、鮒、鯉、生貝、兎などを持ってくる者などさまざまである。

一一月三日、助兵衛はいよいよ仙台に行くことになった。仙台までお供をしたのは、矢嶋家家中の筆頭で、山守をつとめる弥惣兵衛。「門出吉」の日を選んで出発した。

鳥目は銭のこと。銭は中央に穴があいて、鳥の目に似ていることから鳥目と名付けられた。また「疋」は贈答のときに使う貨幣の単位で、一疋は銭一〇文。五左衛門は二〇疋（銭二〇〇文）を祝儀に持参した。木挽き人足一日五五文であるから、ほぼ四日分の労賃である。

償い代

一　享保一六年　御曹司様御元服、官位仰せ出さる御祝儀に御一門衆より大番組まで惣代を江戸に登らせた償《つぐな》い代

一　享保三年　江戸上屋敷御類焼につき、詰所以上の御役人より大番組まで惣代を江戸に登らせた償い代

一　同四年　大屋形様（伊達綱村）御卒去《そっきょ》につき、若老（若年寄）衆以下大番組まで惣代を江戸に登らせた償い代

一　同九年　御類焼につき、御一門衆より大番組まで惣代を江戸に登らせた償い代

一　同一六年　御類焼につき、同断

一　同一七年　貞樹院様御逝去につき、御一門衆より大番組まで惣代を江戸に登らせた償い代

右、六口の通り、大番組中員数を考え、納日を左の通り決めました。大勢ですので、日割りの通りに納めないと混乱するので、日限を守って納めてください。

御祝儀代員数の覚え

一　二万石以上三切と代五〇〇文ずつ

一　一万石以上二切ずつ

一　五〇〇〇石以上一切と代五〇〇文ずつ

一　三〇〇〇石以上一切ずつ

一　一〇〇〇石以上代五〇〇文ずつ

一　五〇〇石以上代二五〇文ずつ

一　三〇〇石以上代一二五文ずつ

一　一五〇石以上代七五文ずつ

一　一〇〇石以上代五〇文ずつ

一　五〇石以上代二五文ずつ

一　五〇石以下代一〇文ずつ

償い代、左の通り御知行並びに直高とも身代割合を以て取り納めること。

一貫文につき代二文二分ずつ。享保九年御類焼同一六年御曹司様御元服御官位

同四月御類焼　同一七年貞樹院様御逝去　右四度償い代

一貫文につき三文ずつ。享保三年御類焼　同四年大屋形様御卒去　右二ヶ度償い代

右の通り、一番より十番まで、一二月六日七日八日九日一〇日、納めること。以上

一一月二四日　渡邊七郎兵衛

上郡山靱屓様

上郡山靱屓は太田権助の上司である。したがって、この記録は仙台の太田家からもたらされた情報であろう。

償い代とは、費用立替分の弁償という意味のようだ。江戸で祝儀や葬儀、火事などがあったとき家臣の惣代を派遣した、その派遣費用の弁償を一五年前まで遡ってすべての家臣に求めたようだ。喜太夫は知行高一貫文余、直高五貫文余なので、償い代の負担は合計でたったの三〇文ほどかと思われる。一人当たりの負担額は少額であり、それを徴収する手間が大変なのだが、窮乏する藩財政を立て直すため敢えて実施したのであろう。いつの時代でもこのような細かなことをきっちりと会計することが、家臣の意識改革として大事なのだ。

享保一九年（一七三四）

侍井土手普請

拙者抱地御蔵入高　田代三〇文

知行高　　　　　　　田代二四三文

一　侍井《さむらい》土手　　長さ　一一間　此の所、須江村瓦山うばが沢と申す所

高さ　四尺

根置　一間

右の侍井土手が大破し、水下の水田が荒地になってしまいましたので、築き直したいと存じます。つきましては拙者水下高知行分の小役人足を出しますが、不足する人足についてお貸しくださいますようお願いします。

享保一九年正月　矢嶋喜太夫　重判

右御普請に、人足五人出していただき、土手を築き直しました。

「侍井」は貯水池の意。矢嶋喜太夫の管理する小さな貯水池を修繕する際に、貯水池から用水を引いている給人や百姓に水下小役人足の提供を求めた記録である。

水下小役人足とは、用水路、排水路、堰、橋などの維持管理のための夫役（労務の提供）である。高一貫文（一〇〇〇文・一〇石）につき一〇人の負担。矢嶋家は抱地と給所合わせて二七三文であるから土手修復工事に三人の人足を出したと思われる。「人足五人出していただき、土手を築き直しました」ということだから、合計八人の人足で工事は完了した計算になる。水下小役人足だけで工事を完了することができたようである。

人数改、矢嶋家中二人増える

一　享保一九年人数改《あらため》上下合わせて二二人
　昨年より松太夫と清五郎を入れました。

松太夫と清五郎が加わったことにより、矢嶋家の家族と家中の合計が二二人になった。男女の構成は、男一四人、女八人である。

松太夫と清五郎は移転に際して、前の主人ないし村肝入発行の「人別送状」と檀那寺発行の「寺請証文」を持参してきたはずである。前者は身分証明書兼転出証明書であり、後者は御法度の宗門（キリスト教など）ではないことの証明書である。この二通がなければ、どこに行っても決して受け入れられることはなかった。

【コラム】アンバランスな男女比

矢嶋家の家族と家中合わせて二二人。男は、喜太夫（主人）、幸之丞（長男）、加藤弥惣兵衛、加藤弥次平、龍蔵、伊右衛門、清蔵、林八、松右衛門、伊兵衛、清太郎、五郎、松太夫、清五郎の一四人。女は、喜太夫妻、おたり（娘）、かえ、せつ、たま、せき、□□、治助母の八人。

安永五年（一七七六）『風土記御用書上』から付近の村の人口を男女別に書き出してみる。なお、村の人口統計は百姓身分の者だけを対象にしている。

須江村	男五四三人	女四八五人
広渕村	男四三二人	女三六三人
鹿又村	男八五一人	女七〇四人
前谷地村	男三七四人	女三一六人

そのほかいずれの村でも男が女より大幅に多い。町場ではどうか。

石巻村	男一六四〇人	女一三三九人
門脇村	男一五一七人	女一三一〇人

町場でも男が明らかに多い。

江戸時代、武士の人口統計は実施されていないので詳細は不明であるが、矢嶋家家中にみる通り男が多かったと推測される。

自然の状態では男女の出生率にほとんど差はないはずなので、男女比のアンバランスをどう考えるか。古代には男子が防人《さきもり》（兵役）のがれのために女として出生届けを出し、女子の人口が多くなった例があるけれども、江戸時代にはあてはまらない。

武家や本百姓は原則として長男を相続人（家督）とした。次男三男は長男にもしものことがあったときのスペアー（予備）であった。畢竟《ひっきょう》、女子は生まれたとしても一人で十分というのが社会通念。堕胎や間引きによって男女のアンバランスが生じたと断言して間違いないと思う。

「喜太夫も出居ったか」冥加至極

一　享保一九年七月一七日屋形様御出駕。古川御泊まり。一八日御鷹野あり。高清水御泊まり。一九日も御野（狩猟）遊ばされ、石見殿屋敷に入せられる。二三日まで御野。二四日登米郡佐沼、津田豊後殿屋敷にて御昼。二七日まで御逗留。二八日御野。寺崎に移る。よって我等（矢嶋喜太夫と斉藤五左衛門）は寺崎に罷り出た。二九日御野あり、近江殿と安藝殿が勢子一二〇人ずつ出して「巻鶉」に参加された。野陣御地主は登米より出した由。晦日涌谷に御移りに成られた。御鳥見御用として和渕町に罷り出たところ、御目見得することができ、「喜太夫も出居《でお》ったか」と御意あり。有り難き仕合わせ、冥加至極に存じました。よってここに記し置くものなり。

七月晦日

初秋の狩。獲物は鶉。勢子を使い鶉を藪から追い出し、鷹で仕留めた。喜太夫はこの狩に参加していない。狩の模様は伝聞に基づいて記録した。「巻鶉」の成果も記録なし。

喜太夫は藩主が須江村に近い和渕町まで来たので、ご機嫌伺いに参上した。そのとき「喜太夫も出居ったか」と直接声をかけてもらい、「有り難き仕合わせ、冥加至極」と天にも昇る気持ちになった。藩主吉村は喜太夫の名前を覚えてくれたようである。

杉売却、小袖を買う

一　杉七二本廻り二尺から三尺まで壱分判一二切で、広渕町の長助に売り払い、九月に代金を受け取りました。小袖を買うお金です。

喜太夫は屋敷林から杉七二本を伐り出して、一分判一二切（三両）で売却した。杉を買ったのは広渕町に住む長助。長助は広渕大堤を利用して杉の輸送をしたことだろう。喜太夫は代金を九月に受け取り、幸之丞の結納に持参する小袖を買うのに充てた。

幸之丞結納

一　享保一九年一〇月一四日吉日につき、石森へ結納祝儀、左の通り。

一筆啓上致し候。然《しか》らば高橋吉左衛門御取り持ちを以て、御娘様倅幸之丞方へ縁談御申し合わせ仕《つかまつ》り候処、先日吉左衛門へ御直談成られ仰せくだされ候通り、今日日柄よく結納祝儀、別紙目録の通り、進上致し候。

猶後喜《なおこうき》の時を期し候。恐惶謹言

一〇月一四日　　矢嶋喜太夫

丹野七十郎様

おめへ

一　小袖　　一かさね

一　御酒　　一荷

一　かも　　二羽

一　するめ　二枚

一　昆布　　二把

一　大根　　二本
以上　　やじま　かうの丞
一〇月一四日

矢嶋喜太夫の嫡男幸之丞二〇歳が結納を取り交わしたときの記録。「一筆啓上」以下は口上書、後半は結納目録である。目録の最初の品目に、杉を売った代金で購入した「小袖一かさね」が載っている。「猶後喜の時を期し候」は、「後の喜び（赤ちゃんの誕生）を楽しみにしています」という意味。

幸之丞の結婚相手は姓が「丹野」とわかるが、名前は記されていない。「矢嶋家のお嫁さん」「幸之丞の妻」で社会的に十分なのだ。女性が個人として尊重されなかったことを示している。「石森へ結納祝儀」とあるが、石森は地名ではなく喜太夫の父方の親類「石森家」のことを指すと思われる。石森家の近所から嫁を迎えたのであろう。

結納の目録に「おめへ」とあるが、「御前」のなまり。「やじま」「かうの丞」など平仮名を多用したのは「御娘様」への配慮と思われるが、同時に武士の娘が漢字を学習する機会がなかった当時の社会状況を暗示している。

祝儀振舞

一　右の通り一四日に弥惣兵衛と林八を召し連れ、石森へ行き、首尾よく結納を済ませました。女どもは先月二六日に石森に行っていて、一五日に上下無事帰ってきました。

よって二四日に祝儀振舞をしました。参加者は上下合わせて四〇人。

その費用は、七切五分《カ》　小袖代一貫五〇文　玄米三斗五升

結納の前後の様子を記録したもの。時間の経過にしたがって整理してみる。

九月二六日、矢嶋家より女どもが嫁の実家に出向き、嫁入り支度を手伝う。

一〇月一四日、嫁の実家に結納品を届ける。

一〇月一五日、須江村矢嶋家に移動（嫁入り）。

一〇月二四日、矢嶋家で祝儀振舞。参加者四〇人。

要した費用は、七切五分《カ》、小袖代一〇五〇文、玄米三斗五升。一切（金一分）は当時の相場で銭一貫一〇〇文ほどだから、結婚費用は杉七二本売却した代金一二切で十分間に合った。

【コラム】系図と墓石に見る女性

系図の中に女性の名前は出てこない。喜太夫の娘の名は『見聞録』によって「おたり」と知れるが、系図では宮澤久之進妻と表記されている。喜太夫の妻は系図上まったく表記がない。

矢嶋正吉
- 兄　庄太夫助兵衛（喜太夫の養弟となった後、太田家へ養子に出る）
- 弟　喜太夫
  - 嫡子　幸之丞
  - 妹　宮澤久之進妻
- 妹　高橋源十郎妻
- 弟　太田権右衛門　死

喜太夫妻の墓

喜太夫の妻の墓が現存している。その墓石には「喜太夫妻」と刻まれている。矢嶋家の他の墓石も同様で、女性の個人名を刻んだものは見当たらない。

矢嶋家に生まれた女子は系図に記載されるが、他家から嫁いできた者は記載されない。冠婚葬祭でも「嫁」は実家の家紋入りの着物を着る。死んで初めて婚家のご先祖様になれるのであるが、墓石に俗名が刻まれるようになるのは、明治以降である。

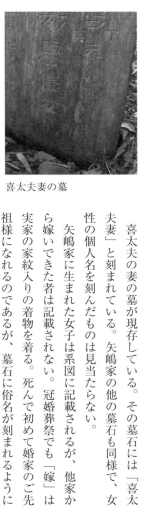

享保二〇年（一七三五）

「喜太夫、久しいな」

一　享保二〇年二月六日　晴天

屋形様仙台御発駕。松島にて御昼。小野町七左衛門方にお泊まり。

拙者は仁左衛門、与三郎とともに小野町に行き、明日から始まる狩に備えて小野町宿泊。

御鷹匠頭は笠原小四郎殿、御小姓頭は小嶋運五郎殿、総指揮は亘理石見殿。

一　同七日天気よし。小野町を出発。矢本村の立沼より狩を開始。白鳥二、手負い一。

拙者は同役とともに赤井村境の定川橋にて御目見得。

屋形様「喜太夫、久しいな。息災にいたか。久しくつとめるな。鳥はいたか」

喜太夫「こなたに真雁がいます」

屋形様「先立ちせよ」

拙者が走って見てきて「真雁が二番《つがい》いました」とご報告したところ屋形様も駆けつけて二番とも仕留められ、「喜太夫、見ませい」と御意あり。拙者が「よく仕留められました」と申し上げたところ、「いつも外してばかりではないぞ」とご自慢なさいました。

梶田仁左衛門嫡子五郎右衛門が罷り出てご挨拶申し上げたところ、屋形様が「その方《ほう》は誰の子だ」とお尋ねになり、五郎右衛門が「仁左衛門の子です」と申し上げると「仁左衛門とは」と再びお尋ねがありました。そこで五郎右衛門が手札を差し出しました。拙者も「御鳥見の梶田仁左衛門でございます」と申し添えました。

(中略)

七つ下がり(午後五時頃)に広渕町大肝入所にお入りになりました。

我等は明日の野割(狩の打合せ)をしました。

喜太夫にとって人生で最も嬉しかった場面である。描写も生き生きしている。彼はこの場面を隠居後何度も清書し直している。

喜太夫は、狩の案内役をつとめる前日、同役の梶田仁左衛門、小関与三郎とともに屋形様(藩主)の宿泊する小野町に行き、一泊した。

翌日(二月七日)藩主は朝から狩を始めた。しかし小野町から赤井橋までは喜太夫たちの担当外である。喜太夫たちは担当地域の入り口、定川橋でその日初めて藩主に挨拶して、案内役を引き継いだ。

屋形様は喜太夫から挨拶されてすぐに「喜太夫、久しいな。息災にいたか。久しくつとめるな。鳥はいたか」と声をかけてくれた。喜太夫も張り切って案内をつとめた。その甲斐あって藩主は二番の真雁を仕留めた。

吉村「喜太夫、見ませい」

喜太夫「よく仕留められました」
吉村「いつも外してばかりではないぞ」

藩主と喜太夫が打ち解け、二人とも実に楽しそうである。

ところがこのあと梶田仁左衛門の嫡子五郎右衛門が挨拶したのに対して、藩主は「その方は誰の子だ」とお聞きになり、「仁左衛門の子です」との返事に「仁左衛門とは」と再び聞き返したのであった。梶田仁左衛門が喜太夫とともに定川橋から案内役をつとめていたにもかかわらず、藩主は梶田の名前をまだ覚えていなかったのだ。

そこで五郎右衛門は藩主（実際には藩主に付いている小姓頭・小嶋運五郎）に「手札」を差し出した。「手札」は今の名刺と同じようなものであろうか。

藩主の狩には軍事的示威と民情視察の両面があったといわれるが、この狩では、前者の担当が御鷹匠頭の笠原小四郎、後者の担当が御小姓頭の小嶋運五郎であった。小嶋運五郎は狩の旅程の随所に家臣が「御目見得」する場面を設定したのである。

なおこの狩では「討つ」「はづす」という言葉を使っているので、藩主は弓または鉄砲で狩をしたと思われる。「御兎所」と呼ばれる一行も随行している。彼らは鷹狩り担当と考えられるが、藩主は専ら鉄砲（弓）を用いたようである。

御献上物

口上

一　先年屋形様が当所（広渕町大肝入屋敷）にお泊まりの節、拙者から御献上物を差し上げたことがありましたが、此度も御献上物を差し上げたく存じますので、御小姓頭衆にお願いしてください。

二月七日　矢嶋喜太夫

右の通り御鷹匠頭・小四郎殿へお願いしておいたところ、明晩差し上げるのが宜しかろう、ということでした。

この日、喜太夫は藩主に「喜太夫」と親しく声をかけてもらいよほど嬉しかったのだろう。喜太夫は藩主に献上物を差し上げたいと思ったのである。彼はまず上司の鷹匠頭・笠原小四郎にその旨を伝え、上司を通じて小姓組に献上の許しをお願いしてもらった。「口上」とあるので文書ではなく口頭で依頼したのである。

献上物の取扱は藩主の身の回りの世話をする小姓頭が担当する。喜太夫が上司を差し置いて直接に小姓組に依頼することはできないのだ。喜太夫は献上の許しを、上司を通じて御小姓頭に取り次いでもらったのである。

神人感応、奇特を得たり

一　同八日天気よし。御鳥見横目の傳兵衛は助三郎殿に附き従い、与三郎は戸田喜太夫殿に附き従うことになりました。拙者は仁左衛門とともに屋形様の案内役となりました。広渕新田堤より狩を開始。白鳥を討ち外しました。鷹柳鶴に寄ってみましたが、二羽てるい方面へ飛び立ってしまいました。さらに六羽飛び立ちました。北赤井の武鑓塚前に出たので、八幡大神にお参りをして狩の成就を祈念しました。その後はるか下《しも》の上毛海道中頃、東の方に真鶴四羽いた内の一羽を仕留めました。我等が駆けつけると、屋形様が「喜太夫、鶴を獲ったぞ。見ませい」と御意。我等も御供の人々もお悦び申し上げました。

屋形様は殊のほかご機嫌よく思し召されました。我等は「神人感応、奇特を得たり。有り難き神慮を得たり」と八幡大神様に感謝しました。

二月八日、昨日に引き続き喜太夫と梶田仁左衛門は屋形様の案内役をつとめた。この日、狩の途中でたまたま八幡社近くにさしかかった。八幡神は武家の守護神であるし、その上狩は軍事演習の性格を持つので、八幡神の前を素通りするわけにはいかない。藩主を先頭にみんなでお参りをしたのである。その直後、真鶴を仕留めたことから喜太夫らは「神人感応、奇特を得たり」と八幡神に感謝した。

八幡神社は東松島市赤井字舘前に現存する。なお、「鷹柳鶴」の「鷹柳」は地名で、鷹柳鶴は「鷹柳の鶴の集まるところ」の意と思われる。このあと武鑓鶴、御狩場鶴、牡鹿ノ鶴と同様の用語法がみられる。

夜食御酒拝味

一　御小姓頭衆より御用があるので御殿（広渕大肝入屋敷）に出頭するように命じられ、梶田仁左衛門とともに出頭したところ、御小姓頭の小嶋運五郎殿から次のように仰せ付けられました。今日鶴を獲ったお祝いとして、仁左衛門、其の方に夜食と酒を用意したので、頂戴しなさい。御台所役人には首尾申し渡してあるので台所に行ってご馳走になりなさいと。
そこで、我等は酒と肴、塩引きまで拝味しました。

喜太夫と梶田仁左衛門が夜食をご馳走になった記録である。その背景に、藩主の「前日の狩では仁左衛門に悪いことをした」という反省の気持ちがあると思われる（二〇一頁）。そのお詫びとして「仁左衛門、其の方に」といって夜食を振る舞ったのだが、喜太夫も相伴《しょうばん》に与《あずか》った。

献上物は梨五つ

一　一昨夕お伺いを立てた献上物・梨五つ茶碗鉢に入れて、御小姓頭小嶋運五郎を以て献上申し上げたところ、「よい梨を献上してくれた。よろしくお礼を言うように」との御意あり。

このとき我妻六兵衛も福寿草を差し上げたところ、同様のお言葉を頂戴しました。
この夜我等は広渕町に泊まりました。

喜太夫の「献上物」は梨五つであった。物は何であっても藩主に「献上」したことが家の格式につながったのであろう。福寿草を献上した我妻六兵衛も御鳥見役である。

御獲の鳥、拝味

その日の夜中に、左の通り触がまわりました。
各々へ御獲の鳥を拝味するようにとの仰せである。明日昼に罷り出て頂戴しなさい。
なお明日の狩のお供に付く者、ならびに御兎所に付く者は、お帰り以後拝味しなさい。

二月八日　笠原小四郎

瀬戸八右衛門殿　斉藤源之丞殿　佐藤与兵衛殿
遠藤善太夫殿　安代庄七郎殿　矢嶋喜太夫殿
廣田傳兵衛殿　梶田仁左衛門殿　小関与三郎殿
笹原惣右衛門殿　斉藤五左衛門殿　永倉六左衛門殿
松川長太夫殿　油井八郎右衛門殿　今井由三郎殿
我妻六兵衛殿　久保齋兵衛殿　堀野喜太郎殿

藤間小三郎殿　大槻茂太夫殿　梅森甚四郎殿
大友久兵衛殿　都沢長太郎殿　目々沢百助殿

鷹匠頭の笠原小四郎から御鳥見役二四人に「明日獲物の鳥を拝味しなさい」との御触が廻された。このような大盤振る舞いは、四四年間の記録『見聞録』の中でもこのとき限りである。吉村の全盛期であり、しかも藩財政が幾分持ち直したことが背景にあると考えられるが、それにも増して吉村の狩が楽しくてたまらないという雰囲気が感じられる。

御鳥見役二四人のうち、矢嶋、廣田、梶田、小関の四名は広渕村、須江村、赤井村、塩入村、小松村の担当である。仙台太田家の家督をめぐって争った親戚筋の永倉六左衛門は右五ヶ村の担当者ではないが、喜太夫が一五年前鳥見役に就任するとき「永倉六左衛門に代わり」就任との記録がある。永倉は広渕大堤ないしその南側沼地担当に担当替えになったと思われる。

右二四人の担当範囲は、狩の記録から判断して、右五ヶ村のほか、広渕大堤、沼地、前谷地村、和渕村、北村、鹿又村、矢本村、蛇田村、門脇村などであろう。

獲物二三也

一　同九日天気よし。北風吹く。傳兵衛は石見殿に付き、仁左衛門は高橋辰之進に付く。拙者と与五郎は屋形様の御案内をした。広渕町はずれより御野入（狩を開始）。広渕寺の脇に真雁がいたので近づいたが、飛び立ってしまった。その後、沼の方に移動。

柏木の樋場にて、沼の御鳥見三人が御目見得。

拙者と五左衛門、惣右衛門、六左衛門が先立ちして鳥の様子を見届け、屋形様に報告するように命じられ走り回りました。丸山西角にて白鳥四。二羽は手負いにて逃がしました。細田土手前にて白鳥一。糠塚欠下にて白鳥一。そこで笹原新左衛門が御目見得。和渕村との境で、前谷地・和渕担当の御鳥見五人と案内役を交代。

笈入に入ると寒い北風が吹き付けるので、簀立六左衛門所で焚き火にあたり、そこから四丁進んだところで白鳥一。五郎左衛門家中、瀬沼茂太夫所で焚き火にあたり、それより真雁二。御昼は和渕の武田五郎左衛門屋敷。それより和渕村・前谷地村内で白鳥四。車下にて菱喰四。糠塚前の田で真雁一。新左衛門家中、三右衛門所で焚き火にあたり、そこで新左衛門が御目見得。細田の喜助前にて真山仲左衛門が御目見得。細田にて兎一。丸山裏にて菱喰一。山崎にて菱喰一。以上、本日の獲物は二三也。

砂山より提灯をつけて広渕にお帰りになりました。

三日連続の狩である。喜太夫は今日も藩主の案内役をつとめた。獲物は白鳥一三羽、菱喰六羽、真雁三羽、兎一羽。今日は「御獲の鳥」を馳走すると宣言しているので、張り切って狩をしたようである。「提灯をつけて」広渕に帰ったとある。日が暮れるまで夢中で狩をしたようだ。

白鳥御吸物拝味

我等は広渕町庄兵衛宅で白鳥御吸物と御酒、生子魚をご馳走になりました。御馳走人担当に高橋弥太郎が命じられました。狩のときは、袴の代わりに上帯に三尺手拭いをつければよいということでした。番頭《ばんがしら》以上の衆だけが袴を着用しました。足軽以下は□□□躰《てい》にてご馳走になりました。都合二〇〇余人。

案内状をもらった御鳥見役二四人だけでなく、藩主に随行する家臣たちも馳走に与った。その数合わせて二〇〇人余。料理は白鳥の吸物と生子魚と酒。喜太夫が馳走になった会場は広渕町庄兵衛宅。大肝入宅だけでは収容しきれなかったのだ。吸物がメイン。ひとり一杯ずつ吸物をご馳走になり、つぎつぎ席を交代したと思われる。

藩主のご招待の席というので番頭以上は袴着用で参加した。喜太夫らは上帯に三尺手拭いを付けて袴の代用とした。

朝日山で屋形様を見送る

一　同一一日夜中より曇り、雨降る。明け方雨が止む。

五つ時（午前八時頃）、広渕新田堤にて狩を始めたが、鶴が飛び立ってしまう。白鳥も討ち外す。北村沢目にて屋形様が朝日山の名前の由来を尋ねたところ、日の出に朝日がよく当たる故に朝日山というと言い伝えられておりますと、（お付きの者が）申し上げました。樋場前にて、白雁一羽、菱喰三羽お討ちに成られ、「喜太夫、とったぞ、見ませい」と御意あり。

屋形様は、樋場作十郎前で狩をお仕舞い（終了）にされ、雨の中を涌谷にご移動なされました。拙者と仁左衛門、与三郎はたら庭までお供をしました。たら庭には、□河園之丞が涌谷からお迎えに来ておりました。前谷地村の御鳥見も一緒にお見送りをしました。

屋形様は、遠田郡名鰭沼《なびれぬま》を通って涌谷の安藝殿居館にお入りになりました。

一二日、一三日、一四日涌谷に御逗留。

一五日田尻にご移動。

一六日古川にご移動。二三日まで古川に御逗留。

二四日御帰城あそばされました。以上

享保二〇年二月五日　矢嶋喜太夫住直　花押

最後の日付けは三月五日の間違いである。

二月六日仙台出発、二月二四日帰城。一八泊一九日の狩猟の旅。

喜太夫は職務上、狩に関する事柄を中心に記録している。また、自分と藩主との関係をことさらに強調した書き方をしている。したがって『二樅亭見聞録』をもって、狩は藩主の野外レクリエーションにすぎないと断じるのは危険かもしれないが、この時期、吉村が何らかの政策的な意図を持って狩の日程やコースを選択したとは考えられない。主目的は「お慰み」と思われる。
しかし吉村は狩猟を通じて在地の武士と交流を図り、信頼関係を深めたことは確かである。

以上が『二樅亭見聞録・天』である。この後に『地』『人』の二冊が続くはずなのだが、『地』は現在行方不明である。したがって一七三五年二月から一七四三年へと一気に八年間飛んでしまうので、その間の社会の動きを補足しておく。

伊達吉村は寛保元年（一七四一）数え六二歳に至り、持病の疝気（下腹部の疼痛を伴う内臓の病気）に悩まされ、江戸と国元との往復も容易ではなくなった。嫡子宗村も一人前になったので、吉村は一一月宗村にあとを嗣がせることを決意し、将軍吉宗の内意を伺った。

これに対して吉宗は、吉村の政治と精励ぶりは諸大名中随一のものであると賞賛し、しかも吉村は極老というべき年でもなく、現在幕府への出仕も勤勉であることなどを理由として容易に隠居を許さなかった。しかし、寛保三年（一七四三）吉宗はそのやむを得ないことを認め、同年七月隠居を許し、宗村が家督を相続した。

矢嶋喜太夫は元文四年（一七三九）一〇月、耳鳴病を患い御鳥見横目御免願（引退願）を提出した。ところが吉村が強く慰留したので、喜太夫はそれを大変有り難く思い、治療に専念しながら御役目を継続することにした。

次から、『二樅亭見聞録・人』に入る。

寛保三年（一七四三）

一八八歳（うわさ話）

一　美濃国岩村城主松平伊豆守様の御領地
　岩村の百姓　又七　年一八八歳
　　　　　　　妻　　年一八〇歳
　　　　　　　子ども　一七人
　　　　　　　孫　　　一三人
　　　　　　　曽孫　　五四人
　　　　　　　玄孫　　一九〇人

右、又七夫婦は、寛保三年五月江戸に召し出され、一〇〇石ずつ永代に下し置かれました。


美濃国岩村は現在の岐阜県恵那市。

江戸で流布したうわさ話が、仙台藩桃生郡深谷須江村まで到達した。

このようなうわさ話が度々流布したのは、江戸時代の人々が長寿と一族繁栄を強く願ったからなのであろう。

水鑑京清居士（うわさ話）

一　寛保三年、御代官津田喜八郎殿御廻の節、日向国《ひゅうがのくに》宮崎郡下北村の妙法寺という寺に古い五輪塔がありましたが、誰の墓かわかり兼ねましたので、洗わせてみたところ、

建保甲戌《きのえいぬ》

水鑑京清

八月十五日

右の通り、□七兵衛京清の墓でした。喜八郎はかねてより御歌が好きでしたので、

世々かろく曇りやはせん水鏡

京清かれとすめるこころハ

右の通りお詠みになったところ、一人の老人が現れて、ただ今の返歌の由にて、木の葉に書き付けたものを持ってきました。が、気がつくと、その人はどこに行ったのか行方がわかりませんでした。

心多にすめる京清水鏡

にごらずすめる世々ぞ久しき

右は、建保二年、五三〇年前の出来事です。将軍のお耳に達したということです。

建保甲戌は建保二年（一二一四）。日向国（宮崎県）で、代官が建保二年建立の五輪塔に刻まれた「水鑑京清」の文字を読み、それに懸けて歌を詠んだところ、老人が木の葉に書き付けた返歌を持って

現れたという話。その話が江戸に伝わり将軍の耳に達したという記録であるが、もと歌と返歌がわかりやすく「よくできた話」ではある。

「京清かれ」の京は、京と今日を懸けている。「すめる」も住むと澄むの懸詞《かけことば》。住むと澄むの懸詞を三回も繰り返している。「心多に」も他と多を懸けており、懸詞の連発である。江戸っ子好みの言葉遊びだ。うわさ話の源も、日向国ではなく江戸の可能性がつよい。

吉村、隠居御屋敷に移る

一　品川の袖崎御屋敷一万六七六五坪は土地交換によって取得しました。其の外に、御百姓の土地を買い足しました。御百姓には七〇〇両支払いました。

右の屋敷では、昨年（寛保二年）建築工事を始めました。

寛保三年七月二五日、屋形様の御隠居願が聞き届けられ、大屋形様となられました。

八月朔日、大屋形様が袖崎屋敷にお移りになり、同月五日大御前様（奥方様）も御移りになりました。

大屋形様が袖崎御殿の違い棚を御覧になり、つぎのように歌をお詠みになりました。

年寄りは　立ち居をするも　よいとこな　若きむかしに　ちかいたなかた（年寄りは、立ったり座ったりするのもよいとこしょ。若いころとは違ってな）

けふここに　袖の崎とて　来て見れど　屋形ふうとて　いかひふり袖（今日ここに田舎だと思ってきてみたら大名屋敷風の立派な屋敷ではないか）

喜太夫が敬愛してやまない伊達吉村は、寛保三年（一七四三）七月二五日に隠居が認められて、宗村が六代藩主となった。その情報が江戸から届いたときの記録である。大屋形様と大御前様が袖崎御殿に転居したところまでは歴史的事実であるが、転居の際、吉村が詠んだという二首はユーモアたっぷりで江戸っ子好みの洒落が多用されている。ほんとうに吉村が詠んだのか、江戸っ子が付け加えたのか、判断しかねる。

「いかひ」は「厳ひ」。厳めしい、立派なの意。

延享元年（一七四四）

もみの木売却、川海上通書付発行

一　もみの木　六本　廻り三尺八寸より五尺まで
右の通り拙者深谷須江村除《のぞき》屋敷内に所持していますが、牡鹿郡湊町の善右衛門と申す者に売り渡しましたので、川海上通御書付をご発行くださいますようにお願いします。以上
延享元年三月　　矢嶋喜太夫　判
御勘定奉行衆

右の通り川海上通、異議なくお通しください。以上
同年同月　　□□弥八郎
川海上通
　御改所　　此の書付を湊町善右衛門に渡した。

喜太夫が屋敷内のもみの木六本を、現在の石巻市湊（北上川河口左岸）の善右衛門に売り渡したときの記録である。売り主の喜太夫は勘定奉行（広渕代官所）に「川海上通書付」の発行を依頼した。依頼

された役所では役人の弥八郎がその書付（許可書）を発行して喜太夫に渡した。それを喜太夫は買い主善右衛門に渡したのである。

石巻の古地図に、北上川河口左岸の湊町に「御改所」が載っている。

幹廻り五尺のもみの木は大木である。馬で運搬するのはとても無理。北上川を利用して運んだのだ。善右衛門がもみの木を湊町の岸壁で荷揚げするとき、御改所の役人に書付を提示する必要があったのであろう。しかし改所がどのような目的で何を改めたのかについてはよくわからない。

なお、喜太夫は自分の屋敷を「除屋敷（税が免除される屋敷）」と表現しているが、矢嶋屋敷は一六五二年に拝領し（その時は除屋敷）、その後一六八五年に検地があり高五一五文と評価され課税対象になったので、正確には除屋敷ではないのだが、屋形様から拝領した由緒を語り継ぐためにあえて除屋敷と呼び習わしたのであろう。

新藩主、御国入り

一　延享元年四月二三日天気よし。屋形様（伊達宗村）江戸を御出発。五月朔日仙台御到着。

左の通り、御目見得を仰せ付けられました。

五月一九日　揃《そろい》五つ半時（集合午前九時）

五番　登城したならば西の間には構いなく、虎の間に集合しなさい。

刀も虎の間に置いておきなさい。

六番　右同断。中之間、次之間に集合しなさい。

右、いずれも揃刻限（集合時間）を間違えず、登城しなさい。

一組ずつ、控えの間で帳役が出席を確かめ、揃ったところで御目付に報告します。

控えの間に入りきれないときは、御縁通で待ちなさい。

一　表御対面所に二人ずつ召し出され、それぞれ御太刀目録を献上します。

但し、太刀目録は御役人が準備しますので、面々は持参しなくてよい。

一　病気で欠席する者はすぐに届け出なさい。

右の通り指定された刻限に遅れないよう登城しなさい。五つ半時より御目見得ですが、前揃いなどありますので、五つ時（午前八時）には登城しなさい。

病気の者は一九日朝までに必ず届け出なさい。以上

五月一一日　　　　　五郎右衛門

矢嶋喜太夫殿

そこで一九日朝六つ時（午前六時）に登城しました。二三二人が二人ずつ御対面所に入場しました。

屋形様は御対面所上段にて、我等は御縁通一一畳目にて御目見得しました。御太刀目録を畳目に置き、御呼びかけ三段首尾よくつとめました。

孫右衛門殿、監物殿、袖崎御年寄、主計殿、五郎右衛門殿、対馬殿、十五郎殿に御礼をして帰宅しました。

宗村は七年前、吉村の継嗣時代、初入国を果たしている。三年前にも御国入りしたので、このときは三度目の御国入りである。

宗村は延享元年（一七四四）五月一日仙台到着。まずは伊達家の霊廟に詣でたり、ゆかりの神社仏閣に参詣したりしたことだろう。また門閥（一門、一家、準一家、一族、宿老、着坐、太刀上、召出の八等級）と呼ばれる上級家臣団との対面（御目見得）儀式を先に済ませたはずである。

喜太夫の身分は「平士」。平士は大番士ともいい、一〇番（一〇組）に編成されていた。この記録から喜太夫が五番ないし六番の組に所属していたことがわかる。

喜太夫に御目見得の通知が来たのは五月一一日、御目見得の日時は五月一九日朝五つ半（午前九時）。通知には当日の手順が詳細に記載されていた。

喜太夫は当日の朝、刻限より二時間も早く登城した。御目見得の会場（御対面所）に五番、六番の番士二三二人が二人ずつ入場した。彼は縁側近くの、前から一一枚目の畳目に太刀目録を置いて平伏した。「御呼びかけ三段首尾よくつとめました」とある。二三二人が声をそろえて「伊達陸奥守様御就任御目出度うございます」とでもいったのであろうか。もちろん控室で何度も練習させられたことと思う。

御目見得で大番士たちは太刀目録を新藩主に献上した。これは武士が主人と臣従関係を結ぶ際に太刀を献上する習わしを儀礼化したものである。本物の太刀が太刀目録になり、さらに形骸化して、大番士たちは手ぶらで登城し、担当役人の作った太刀目録を献上するようになったのだ。

「登城したならば西の間には構いなく」の意味を考えてみよう。登城したとき「西の間」に立ち寄ったり声をかけたりしないようにとの趣旨であるが、なぜなのか。前藩主吉村も宗村の御国入りに付き添ってきて「西の間」にいたのではないだろうか。そのうわさが流れていたので敢えて「西の間には構いなく」と注意したのではないか。『伊達治家記録』にその記録はないけれども、その可能性はゼロではない気がする。その推測を補強する材料が、喜太夫が帰り際に「袖崎御年寄」（吉村の隠居屋敷が袖崎屋敷）のもとに御礼に立ち寄った事実である。吉村が品川の袖崎屋敷に留まっていたのなら袖崎年寄は仙台に来ないはず。袖崎年寄が仙台にいるのは吉村が仙台に来たからではないのか。いずれにしても、喜太夫は袖崎年寄に吉村の様子を尋ねたことであろう。

御国入り、御祝儀、能見物と料理頂戴

一　此度新藩主御国入りの御祝儀として、御能見物と御料理頂戴を仰せ付けられました。

六月朔日

一　大番組五番六番

右同日、朝七つ半時（午前五時）より五つ（午前八時）過ぎまでに御料理を頂戴すること。

右は、幸五郎殿屋敷にて頂戴すること。御帳役が案内します。

衣装は、半上下《はんがみしも》

病気のため御料理を頂戴できない者は、事前にその旨を届け出なさい。

刀は間所《まどころ》（詰め所）に名前札をつけて置いておきなさい。家来に持たせておいても構わない。

一　御能揃い（能見物の集合時刻）五つ時（午前八時）。御料理の御礼は、月番の奉行衆だけでよい。
右の通り間違いなく罷り出るようにしなさい。以上
五郎右衛門
矢嶋喜太夫殿

六月一日、喜太夫も早朝料理をご馳走になり、午前八時から能を見物した。

猪討止《うちとめ》・射止《いとめ》の許可（藩の御触）

一　御分領中（藩内）猪が多いので明野はもちろん、留野ならびに鹿・雉子《きじ》の保護地区であっても、御林以外は残らず八月末まで今年限りにその村の者だけ鉄砲、弓にて猪を仕留めることを許可する。
鳥がたくさんいる御野場であっても、山続きの場所で鹿の保護地区のところは、御旗本足軽が猪を討つことを許可する旨、別紙の通り仰せ出された。以上
四月二七日　対馬
今田彦右衛門殿　孫兵衛

平次兵衛殿　今田彦右衛門
鈴木牧太殿　黒沢文右衛門
松岡六郎兵衛殿

黒沢分右衛門殿　采女

一　御分領中の村々では近年猪が多くなり、山根通りはもちろん里前にも猪が出て田畑を荒らし難儀しているので、明野、留野ともに鹿の保護地区以外では、誰でも猪を見つけ次第棒で打ち殺したり絞め殺したりするのをお許し願いたいとの申請が郡奉行に届いている。

そこで、吟味した結果は、左の通りである。

・御分領中、明野はもちろん留野、鹿・雉子の保護地区であっても御林以外は残らず、八月末まで今年限りその村の者だけ鉄砲で討ち止めても弓で射止めても構わない。

・鳥がたくさんいる御野場であっても、山続きの場所では右の通り鉄砲と弓を許可する。

・鹿保護地区の内、吉成と佐保山周辺については、御旗本足軽が夜中だけ猪を玉入れ鉄砲で討ち止めることを許可する。

・御旗本足軽に鉄砲と弓を許すことについては若年寄より別途申し渡す。　以上

延享元年四月二七日

四月苗代づくりの季節を迎え、猪被害に藩を挙げて対応せざるを得なくなった。

藩有林以外の場所では原則どこでも誰でも弓と鉄砲で猪を仕留めることが許可された。この御触は村居住の武士を対象にしたものだが、「その村の者だけ」といっているから百姓にも当然同じ許可が出たと考えられる。

給人たちは申請書で「誰でも猪を見つけ次第棒で打ち殺したり絞め殺したりする」ことを願い出たのであって、鉄砲の許可を求めたのではなかった。それなのに「猪だけ」「八月末まで」「今年限り」「その村の者だけ」という限定付きで、鉄砲が許可された。藩の政治が現実に即して少しずつ変化していることがわかる。

「御旗本足軽に鉄砲と弓を許すことについては若年寄より別途申し渡す」というのは、この御触は郡奉行から発せられたものであるが、旗本足軽の身分上の管理は若年寄の権限なので、旗本や足軽がどのような場面で鉄砲を使用してよいかについては、若年寄から別途申し渡すと断り書きしたのである。

仙台北六番丁屋敷の借地人

一　三浦兵六郎の名代・三浦兵左衛門は自分の屋敷を所持していませんので、北六番丁の矢嶋喜太夫屋敷の一部を借地して自分の家を作りたいと思います。二間半に六間半の家で、四方に下屋《げや》をつけます。下屋の屋根は板葺き、母屋の屋根は萱《かや》葺きです。

一　二間に三間の小屋、板縁、萱葺き屋根

右の通り、兵左衛門が自前で作事をします。

右喜太夫は現在桃生郡深谷須江村に住み、仙台には宿守を置いています。

喜太夫は、私の親戚でかねてより懇意にしています。

双方連判を以てお届けします。今後作事に増減などがあれば、早速お届けします。以上

延享元年五月

兵六郎名代

三浦兵左衛門　重判

矢嶋喜太夫　重判

御屋敷奉行衆

仙台北六番丁屋敷は、喜太夫が一四年前（享保一五年）に取得し、三浦兵六郎に管理を委託していた。そこに三浦の縁者（子息か）が自分の家を建てたいと願い出た記録である。

北六番丁屋敷はもともとは松原又市郎の拝領屋敷（藩の所有地）であったが、お金に窮した松原が「一代限り」で喜太夫に譲り渡したのである。喜太夫はその屋敷の管理を親類の三浦兵六郎に委託した。委託された三浦はそこに自分で建築費を出して借家を建て、他人に賃貸している。その屋敷の一部に、三浦兵六郎の名代・三浦兵左衛門が自分の家と小屋を作りたいと「御屋敷奉行衆」に願い出たのである。

藩の所有地（拝領屋敷）に、松原又市郎の「買戻権」、矢嶋喜太夫の「質権」、三浦兵六郎の「借地権」、三浦兵左衛門の「借地権」、借家に住む住人の「賃借権」等々たくさんの権利が絡みついてしまった。

拝領屋敷は藩有地なのだから、そもそもそれを質物にすること自体禁止すべきなのだが、武士の窮乏を見かねた御屋敷奉行衆は許可を出すしかなかったのである。今また、三浦兵左衛門から新たな申請が出たけれども、御屋敷奉行衆にはもはやどうすることもできない。認めるほかないのだ。武士が公然と拝領屋敷を売却する時代がそこまで来ている。

瀬上玄蕃、鹿又村に移封

一　延享元年八月一六日に瀬上玄蕃《せのうえげんば》が鹿又村に移封《いほう》になりました。

瀬上玄蕃は御部屋住みのときより現在まで勤務に精を出し、元在所に在所替えになったそうです。家中屋敷、足軽屋敷、山林等まで一式、与えられたとのことです。

右は孫兵衛から仰せ渡されたとのこと。出入司、御郡司へもすでに連絡済みとのことです。

瀬上は門閥の「一家」に格付けされる名門である。その瀬上家が喜太夫の住む須江村の西、鹿又村に二〇〇〇石与えられた。そのとき山林も与えられたのであるが、その一部に須江村欠山が含まれていた。喜太夫らは瀬上玄蕃と紛争になることを恐れたのである。

御扶持質入れ制限（仙台藩法令）

一　御扶持方焼印を質物に入れて借金する者がいるけれども、貸主が過分の利息をとる理外のことが行われている。このことについては、先年よりいろいろと御触を出しているが、今もって改善されないのは不届きである。諸侍が年を追って困窮し、その上、物価高で小身の御扶持方や御切米の者どもは一段と生活難になっているので、来月渡りの御扶持方を残らず質にとるのを禁止する。もし、違反したときには厳しく処罰する。

右の通り兼ねてのごとく触を出しなさい。以上

一一月二四日

孫兵衛

対馬

監物

大目付中

若年寄から大目付に出された「達し書」である。この文書から小身の武士が扶持米を担保にして高利の金を借りていたことがわかる。この達し書では、来月渡しの扶持米全部の質入れを禁じているが、一部の質入れまでは禁じていない。扶持米は二ヶ月に一度給付されたから、一ヶ月分を質物にとるのはいいが、二ヶ月分まるまる質にとってはいけないという趣旨。金利については、「過分の利息」は「理外（道理から外れている）」とはいうものの、具体的には制限を加えていない。実効性のない「お達し」というほかかない。

「御扶持方焼印」は、扶持米を受け取るときに提示する焼印のことであろう。

瀬上玄蕃知行内の足軽屋敷（借地許可の手紙）

一　先だってのお手紙を拝見しました。いよいよ御勇猛にお過ごしの由嬉しく存じます。さて瀬上玄蕃が拝領した欠山下の除屋敷の件ですが、以前は家中足軽、久右衛門が住んでいました。現在は真山孫十

郎様の住居になっています。

玄蕃は鹿又村に所替えになり当該屋敷も拝領したのだから立ち退いてほしい意向のようですが、真山様は立ち退く所もないので、右屋敷を玄蕃から借りて、このまま住み続けたいとのことでした。そこで私どもが玄蕃方にその旨をお伝えしたところ、お貸しします、どうぞお使いください、との返事でした。

右の通りですので、真山孫十郎様にその旨をお伝えください。

年が明けましたら、お目にかかりたいと存じます。恐惶謹言

一二月二七日

小林清左衛門
小林太兵衛
氏家惣兵衛

矢嶋喜太夫様

右本紙証拠のために真山孫十郎方へ差し遣わし置き申すこと

小林清左衛門、小林太兵衛、氏家惣兵衛は瀬上玄蕃の家中と思われる。

このとき玄蕃が拝領した須江村欠山の御林内に、むかし須江村の給人足軽、久右衛門が家を建てて住みつき、その後そこを真山孫十郎が譲り受けて住んでいる。真山は玄蕃方から立ち退きをほのめかされ、喜太夫に玄蕃方との仲介を依頼した。喜太夫の仲介の努力が功を奏して、真山は玄蕃から屋敷を借りられることになった。

玄蕃家中の三人から喜太夫に届いた手紙は後の証拠になるので、喜太夫はその控えをとり、手紙の実物は真山に渡した。

この手紙から、土地所有関係について次のことが見えてくる。藩としては検地帳に登録されていない土地はすべて藩有地であるとの立場であるが、実態としては真山孫十郎のように、藩有地（林）の中に家を建てて自分の屋敷としたり、田畑にしたりしている。真山の場合、屋敷に課税されていないはずである。課税されていれば、それを根拠にして所有権を主張できるのだから。

このように検地帳と実態が乖離して、あちらこちらで問題が起きているのに、藩は検地することができないのであった。検地によって既得権を侵される人々（主に有力な武士層）が検地に強く反対したからである。

延享二年（一七四五）

喜太夫五八歳、御鳥見退役願

一　三月朔日仙台に登り、高屋宋治の診察を受け、診断書を書いてもらいました。

右診断書を添えて、左の通り退役願を提出しました。

拙者儀、御鳥見横目役を免じてくださいますようお願いします。拙者は享保五年五月桃生郡深谷広渕村、小松村、塩入村、赤井村、須江村右五ヶ村の御鳥見横目を仰せ付けられ、当年まで二六ヶ年つとめて参りました。今年五八歳になりますが、数年前より寒風によって耳鳴病を発症し、しだいに耳が遠くなりました。治療しましたが治りませんので、元文四年一〇月御鳥見横目御免願（退役願）を提出したところ、御前（屋形様）にても（喜太夫の）耳の遠いのは承知しているので引き続きつとめるようにと、命じられました。大変有り難いことと思い、治療に専念して一時は快方に向かい、昨年までつとめました。しかし昨年秋、風邪を引き耳鳴病が再発しましたので、八月より一〇月まで桃生郡広渕村の医師（因幡殿家中浪人）百々三安の治療を受けましたが、良くなりませんでした。一一月より同村の医師（津田丹波殿家中浪人）青木宋春の治療を受けましたが、良くなりませんでした。そこで今月初めより御当地（仙台）に登り、御近習医、高屋宋治様に治療をお願いしましたところ、発症してから年数が経っていてすぐには本復し難いと診断されました。
左耳は数年前からまったく聞こえません。右耳は聞こえるのですが、いつも耳鳴りがして普通のように は聞こえません。話しかけられても返事ができなかったり聞き違いをしたりしてしまいます。
拙者は屋形様が御出駕の節、御昼所をたびたび仰せ付けられ、その上ご褒美などを頂戴し大変に有り難いことと存じておりますので、引き続き御役をつとめたいと思いいろいろに薬用を試みましたが、普通の御奉公とは異なり御鳥見は耳が遠くては御用がつとまりません。しかも御野廻りに寒風はつきものですが、寒風に当たりますと五、六日は耳鳴病が悪化しますので、これ以上つとめることは不可能です。是非に及ばず（仕方なく）退役願を提出する次第です。
拙者退役後は、嫡子矢嶋幸之丞当年三〇歳を拙者名代として御奉公させたいと存じます。
御憐愍を以て願の通り御役御免にしてくださいますようお願いします。
医師の診断書二通を添えてお願いします。以上
延享二年三月一四日　　矢嶋喜太夫　判
上　軍太殿
氏　新兵衛殿

矢嶋喜太夫様、御耳鳴病を御煩いなられ、治療をしましたが、久しく寒渋にお当たりになられた故、早速御本復なられるのは難しいと判断します。
津田丹波家中浪人　医師

延享二年三月一四日

青木宋春　判

矢嶋喜太夫、上□下虚の症にて、（中略）常に耳鳴り、聾腫があり、老人なので早速本復するのは難しい。現在、私が治療中につき、診断書を出します。

延享二年三月一四日

高屋宋治　重判

一　右の退役願を三月一九日に受納していただきました。

御印判一枚、御添判一枚、小鳥板判一枚、□□□□二枚

右四通り、三浦兵左衛門へ頼み、返納しました。

延享二年（一七四五）三月一四日、矢嶋喜太夫は診断書二通を添付して退役願を提出し、同月一九日に受理された。

通り一遍の退職願ではない。享保五年（一七二〇）御鳥見役就任から書き起こし、耳鳴病の治療経過、元文四年（一七三九）退役願を出したとき藩主から慰留されたこと、病気と役目との関係、嫡子幸之丞の後任推挙まで、全力を傾けて書き上げている。

退役願は広渕の代官所ではなく仙台の役所に提出された。代官所は郡奉行の配下で地方（村方）支配

を目的とする役所であり、武士の人事や監督は若年寄の権限に属するからである。喜太夫は退職願を仙台に送って親戚の三浦兵左衛門から提出してもらったようである。退役願が認められた後、印判、添判、小鳥板判など職務上預かった物品も三浦兵左衛門に送り届けて、三浦から役所に返納した。

なお元文四年の退役願は、『二一樅亭見聞録・地』に記録されたと思われるが、『地』は行方不明なので見ることができない。

退役の御褒美、銀子一枚

桃生郡広渕村方
御鳥見横目矢嶋喜太夫

一　願の通り右役御免にする。数十年よくつとめたのでご褒美《ほうび》として銀子《ぎんす》一枚下し置く。

右名代に太田善四郎が罷り出て、右の通り仰せ渡されました。

その御礼に、□馬殿、小四郎殿、五郎右衛門殿、宮内権兵衛殿に罷り出るように指示されました。

一　銀子一枚ずつ

名取郡根岸村　御鳥見横目
高橋彦右衛門

桃生郡広渕村　御鳥見横目

矢嶋喜太夫

右の通り銀子二枚を渡すので書付を提出してください。（中略）

奥山勘解由

御奉行衆より右の連絡がありましたので、お知らせします。以上

延享二年六月一五日

今田彦右衛門殿

黒沢文右衛門殿

本幡又右衛門殿

一　御褒美金は一同に渡されるので高橋彦右衛門方にて受け取り、彦右衛門殿より私方に届きましたならば、すぐにお届けします。

三浦兵左衛門

六月一六日

喜太夫様

一　矢嶋喜太夫儀、此度病気につき明日退役します。数十年よくつとめたので御褒美として銀子一枚頂戴することになりました。大変に有り難いことと存じます。私は喜太夫の親類なので、右の段、ご連絡します。以上

三浦兵左衛門

六月一六日
五郎右衛門殿
権兵郎殿

御鳥見役の高橋彦右衛門と矢嶋喜太夫にご褒美金が出た。二人分を高橋が受け取り、それを三浦兵左衛門宅に届けてもらい、三浦から喜太夫が受け取った。

ご褒美は銀子一枚。金一両の約四分の三である。

琉球人を乗せた薩摩船、漂着

一　延享二年五月四日牡鹿郡遠嶋寄磯浜に漂流船が流れ着きました。薩摩国平嶋直乗の船で、乗船者は船頭・長兵衛以下二三人と久志の善七という倅が便乗していました。其の外に琉球人一九人、合わせて四三人でした。
六月一五日琉球人一九人に薩摩の水夫二人を通詞（通訳）として付けて、御武頭佐々布八郎左衛門、御徒目付二人を付けて、陸路小淵浜を出発。石巻中町泊まり。一六日矢本を通り高城泊まり。一七日東浜道にて長町中田泊まり。一八日白石泊まり。一九日福島泊まり。道中一四泊にて六月二九日に仙台藩深川屋敷に到着。翌日薩摩の御役人衆へ引き渡した由。

残りの二四人（薩摩人）は六月一七日小渕浜を出船。仙台藩より水先案内人四人を付ける。江戸朝鮮河岸に着船。薩摩御船奉行衆へ引き渡した由。

薩摩守殿よりこちらで付けた役人に銀子一枚ずつくだされ、屋形様へは縮緬《ちりめん》一〇〇巻、紗綾《さあや》一〇〇巻、毛氈《もうせん》一〇〇間を進呈されたそうです。以上

琉球人一九人を乗せた薩摩の船が牡鹿半島の寄磯浜に漂着したときの記録である。寄磯浜は現在の宮城県石巻市寄磯浜。仙台領内の記録は具体的であり信頼できるが、江戸での出来事については伝聞体の大まかな記述で、「縮緬一〇〇巻、紗綾一〇〇巻、毛氈一〇〇間」などは「うわさ」の域を出ない。しかし薩摩藩に幕府からお咎めがなかったという大筋は信頼してよい。

五月四日に漂着し六月一五日に琉球人が陸路江戸に向けて出発した。出発まで一ヶ月以上経過している。その間、仙台藩では善後策に大わらわだったことだろう。

日本は鎖国中であり、琉球人は外国人である。不法入国した琉球人にどのように対応すべきか、仙台藩として非常に難しい事態に直面した。仙台藩に外国人を取り調べる権限はない。早速幕府に報告し、その指示を待ったことと思う。同時に薩摩藩江戸屋敷にも知らせたことであろう。その際、仙台藩は薩摩藩の依頼に応じて、幕府にどのように説明するか、細かな打合せをした可能性がある。

琉球人の通訳に付いた「薩摩の水夫二人」は、江戸薩摩屋敷または薩摩の国元から呼ばれた者である。漂流船の乗組員ではない。なぜなら漂流者が四三人で、その内琉球人一九人、残りの二四人といっているからである。

琉球人一九人は不法入国者として厳重な監視の下、仙台藩により陸路江戸に護送された。護送は幕府の了解を得た上で、かつ、薩摩の依頼により行われたと思われる。なぜなら琉球人は江戸で薩摩藩に引き渡されたからである。江戸まで一四泊一五日と参勤交代の二倍の日数を要している。

薩摩人二四人は二日遅れで出発した。船を寄磯浜から小淵浜に移し修理していたと思われる。船は薩摩人二四人を乗せて、東回り航路を熟知した仙台藩の水先案内人四人をつけてもらい江戸に戻った。

江戸に戻った琉球人も薩摩人も薩摩の役人に引き渡された。仙台藩と薩摩藩との間で事前の協議がなされ、漂流者の引き渡しや幕府への報告などについて打ち合わせ済みだったのであろう。幕府への根回しも済んでいたと思われる。

漂流船は薩摩の密貿易船の疑いがあるが、密貿易か否かは複雑な問題である。

薩摩藩は一六〇九年琉球王国を軍事的に征服し、検地を行い石高制による農村支配を確立した上、通商交易権も掌握したとされる（『詳説日本史B』山川出版社）。しかし琉球王国は独立国家である。琉球王国が外国と貿易することについては問題がない。薩摩藩と琉球王国は朝貢関係にあるから朝貢貿易品（薬種・砂糖など）として薩摩藩が貿易品の一部を取り立てるのも許されるだろう。琉球王国の貿易のやり方に口出しすることも許されたようだ。しかし薩摩船が直接貿易に乗り出すのは国法に触れる。

最終的に薩摩守より仙台藩にたくさんの御礼があったということなので、幕府は薩摩藩と仙台藩の説明を了承し、漂流船の件を不問に付したようである。

嫡子幸之丞、御鳥見役就任

延享二年一一月二八日、幸之丞事、茂庭求馬殿宅にて御鳥見横目仰せ付けられました。

喜太夫の嫡子幸之丞が御鳥見役に任命された。喜太夫退役から八ヶ月後のことである。

冬の大嵐

一　延享二年一二月二〇日昼より雨強く降り、巳午《みうま》（午前一一時頃）大風雨となり、夜に入り大嵐になった。夜四つ過ぎ（午後一〇時頃）に止み、星空になった。

二一日夜明け、（矢嶋家）屋敷前四丁（四〇〇メートル）が一面の水浸しになり、作場道しか見えなくなった。和渕村梨木の二間樋（堰）の扉が破損したというので修繕するように言いつけた。二ノ関三之助の（前の）土手が半分切れかかったところに、北上川が夜中に増水し、四つ時（午後一〇時頃）右のところで押し切れ、和渕村と前谷地村に水が押し込んだ。

二二日明け半（早朝）、糠塚へ様子を見に行ったところ、□□より和渕への渡り土手を水が越し始めていた。四つ時（午前十時頃）には糠塚前まで一面海のようになった。

二三日夜中より笈入裏の北上川堤防と（広渕大堤）赤羽根土手を水が越した。広渕大堤に水が流れ込み七分目まで満ち、土手が危うくなったが、北上川の水が引き始めた。

二四日、大西風吹く。広渕大堤の水は八分目に満つ。

二五日より水が引き始め、二八日にはいな□□が見えるほどになった。右の土手五三間切れた由。和渕村と前谷地村は泥の海になり、諸道具を流し、何もかも水に浸り、大変な痛手で、言語に述べがたし。この大嵐で大船何艘も破損し、石巻では一五〇人余が行方不明となった由。時ならぬ大嵐ゆえに、諸人大変な迷惑であった。

二五年前の丑年閏七月三日以来の大洪水だったので、ここに記し置く。

笈入堤防と赤羽根（姥神前）土手が決壊したところまでは、二五年前（享保六年閏七月）の洪水とまったく同じであるが、このときは広渕米崎丸沼の土手が切れなかったので、広渕大堤南側（広渕村、須江村、赤井村）では被害がなかったようである。

年老いた喜太夫は家の近くの糠塚土手までは見に行ったが、決壊箇所（前谷地村赤羽根）には足を運んでいない。「五三間切れた由」と伝聞体で記述している。

延享三年（一七四六）

屋敷の杉一〇〇本売り払う

一　杉一〇〇本　廻り三尺五寸より四尺五寸まで　　この杉二〇切で売り払う。
内　この挽板　　　　　　　　　　　　　　　　　外に唐竹六〇〇本を七切で売り払う。
一　板一五枚　長さ　一丈三尺より四丈まで
　　　　　　　厚さ　一寸五分より四寸まで
　　　　　　　幅　　一尺より一尺五寸まで
一　板百二〇間《カ》四方　六尺
　　　　　　　厚さ　五分より一寸まで
一　丸太二〇本　長木あり。廻り三尺
右の通り深谷須江村の拙者除屋敷で伐採し、牡鹿郡蛇田村の久太郎と申す者に売り渡しましたので、石巻まで陸川通りをお通しくださる書付をお願いします。以上
延享三年一一月　　　　　矢嶋幸之丞　判
御勘定奉行衆

右の通り、川通りを異議なくお通しくださいませ。以上

同年同二一日　　　　　　　　　　　　　　柳田覚左衛門

所々《カカ》川通

御穀改所

喜太夫が隠居して幸之丞に家督を譲るのは宝暦七年（一七五七）であるが、この頃（一七四六）から署名は「幸之丞」に変わる。幸之丞が実質的に家長の座に就いたようである。

屋敷の杉と竹を売却した記録である。次に見るように幸之丞の妹（おたり）の婚礼費用捻出のために売却したようだ。四月の婚礼費用が二六切なので、その前に杉と竹を二七切で売却したのである。購入した久太郎は矢嶋屋敷内で木挽きして（木挽き費用は久太郎の負担）板に加工し、運び出したのが一一月だった。

「石巻まで……お通しくださる書付」を求めているので、板や丸太は石巻の材木商に納められたと考えられる。

おたり婚礼

一　延享三年四月一四日

おたり婚礼の準備ができたので、瀬戸三郎右衛門殿を仲人として先方に遣わしました。

四月一四日朝（中略）　以上六〇人
同　一五日昼（中略）　以上五〇人
同　一六日　　　　　　上下五二人
右の通り、天気模様もよく、諸事ととのいました。
費用は、金二六切と銭一九〇〇文、玄米二石五斗。
外に、染め代五五〇文、よき水色三二〇文、ちくさふとん両面一〇〇文ずつ

「おたり」は喜太夫の娘、幸之丞の妹である。おたりは前年一一月宮澤久之進と婚約し結納を済ませていた。おたりは実家で三日間祝儀振舞をしてもらい、衣装や布団を長持《ながもち》に入れて婚家に運び、婚家でまた数日間祝儀振舞をしたと思われる。玄米二石五斗はとても振舞で食べきれる量ではない。その大部分は嫁入り道具と一緒に宮澤家に運び込まれたと思われる。

幸之丞の結婚のときは杉七二本売却。おたりのときは杉一〇〇本。祝儀振舞に要した費用も幸之丞は七切五分《カ》・銭一一〇〇文・玄米三斗五升。おたりは二六切・銭一九〇〇文・玄米二石五斗。息子を結婚させるより娘を嫁に出す方が数倍費用がかかったのである。

瀬上玄蕃初地入

一　同三年一〇月三日、瀬上玄蕃が初めて知行所（鹿又村）に入りました。天気よし。

上下《じょうげ》七、八〇人の家臣を伴い、仙台より下ってきました。四日に家臣団の住む梅木を見舞いました。玄蕃は御野入御免（狩猟許可者）なので、菱喰、真雁、白雁を合わせて二七羽狩猟しました。七日に仙台に戻りました。幸之丞は玄蕃のところに行き、お相手をつとめ、上下《かみしも》一重もらいました。

瀬上玄蕃は鹿又村に知行二〇〇〇石を拝領したのだが、玄蕃自身は鹿又村には居住せず、仙台定府だったことがわかる。玄蕃の家臣団は鹿又村梅木に菩提寺（統禅寺）と神社（日枝神社）を創建して独自の集落を形成した。

玄蕃は須江村欠山に山林を与えられたので、須江村の給人たちも玄蕃とは友好な関係を築きたかったものと思われる。

延享四年（一七四七）

鉄砲解禁になる

一　延享四年三月二四日御野役人熊谷覚兵衛と見習真山与左衛門が仙台から下ってきて、堀和左衛門と郡方役人千葉善助が立ち会い、深谷中の野場の一部が鉄砲解禁になりました。もっとも鹿又村は一村が瀬上玄蕃の知行なので、鹿又村については何も触れられませんでした。

須江村も糠塚川前土手より（中略）須江村と鹿又村境まで、山側は明野（鉄砲解禁）になりました。深谷須江村は一円御留野でしたが、この度新規に境塚を立てて、鉄砲制場（鉄砲解禁場）を指定します。

塚数書上の覚え

須江村糠塚　境塚一つ

右塚より北の方は和渕村境までは水際土手切り、広渕大堤の方は御留野、右土手の東は鉄砲制場、右塚より（中略）須江村境まで山側は鉄砲制場、其の外は御留野とします。

右の通り御野役人熊谷覚兵衛様、真山与左衛門様、御代官様、上廻様、御名代千葉善様、御鳥見横目矢嶋幸之丞様、小関与三郎様、大堤御鳥見横目斉藤五左衛門様、牡鹿高屋敷御鳥見横目藤間小三郎様が立ち会って、拙者ども並びに高屋敷肝入、組頭どもが現地をご案内して、書面と付き合わせ間違いないことを確認しました。御留野と鉄砲制場の境について紛争が起きないように、村中に周知するように命じられました。また境塚が崩れたときには連絡するようにと命じられました。

延享四年三月二四日

須江村組頭　善之丞
同　六右衛門
同　吉左衛門
同　六平
同　七兵衛
同　八郎兵衛
同　八兵衛
同　長右衛門
同　伊惣右衛門
同　源三郎
同村仮肝入　甚四郎
同　源右衛門

梶田二左衛門様
小関与三郎様
門馬丈之進様
矢嶋幸之丞様

文書は百姓の代表（肝入・組頭）が御鳥見役に提出したもの。組頭等が藩役人を現地案内したり境塚を立てたりしていることから、百姓身分の者たちが鉄砲解禁に中心的な役割を果たしたことがわかる。

鉄砲解禁区域と禁止区域の境に塚を建てるという具体的でわかりやすい手法は、百姓たちのアイデアであろうか。村社会を百姓たちが中心になって廻し始めたようだ。

御林を含めて須江山全体が鉄砲解禁になった。もちろん猪対策のためであろう。一方、平地の水田、広渕大堤、沼、湿地などは従来通り留野とされた。

鉄砲、御役代

一　延享四年九月、剃頭青木平左衛門なり。真雁三つ、兎三つ、雉子一五なり
右三口合わせて、二七七五文、鉄砲三三挺
一　同　五年、剃頭青木平左衛門。御役代二七七五文、鉄砲三五挺。一挺につき八〇文
一　寛延二年、剃頭同人。御役代二七七五文、鉄砲二九挺。一挺につき九六文
一　同　三年、剃頭同人。御役代二七七五文、鉄砲三三挺。一挺につき六七文
一　宝暦元年、剃頭同人。御役代二七七五文、鉄砲二七挺。一挺につき一〇四文
一　同　二年、剃頭同人。御役代二七七五文、鉄砲二二挺。一挺につき一二六文
一　同　三年、剃頭同人。御役代二七七五文、鉄砲一八挺。一挺につき一五四文
一　同　四年、剃頭同人。御役代右同断
一　同　五年、剃頭同人。今年より、雁三つ、鴨三つ、雉子一五、御代二六一五文
鉄砲二〇挺。一挺につき一三一文

一　同　六年、剃頭青木平左衛門。御役代二六二〇文、鉄砲三五挺。一挺につき一一九文
一　同　七年、右同人。御役代二六二五文、鉄砲二一挺。一挺につき一二五文

この記録は、延享四年（一七四七）以降、喜太夫が毎年書き加えたもの。

剃頭は鉄砲担当の役職名と思われる。右は須江村内の給人が所持する鉄砲数である。

御役代は鉄砲所持にかかる税。一挺につき一〇〇文ほど。寛政九年（一七九七）桃生郡深谷諸役帳には、鉄砲一挺につき本代（永楽銭）一〇〇文とある。今代（寛永銭）に直すと五〇〇文になる。この記録でも「文」は「本代」と思われる。鉄砲所持にかかる税は給人（武士）も百姓も同額であったと考えられる。

鉄砲一挺につき、延享四年には、真雁三、兎三、雉子一五を獲ることが許され、宝暦五年からは、雁三、鴨三、雉子一五になった。といっても鉄砲所持の主目的は、武士も百姓も猪や鹿の害を防ぐことにあったと考えられる。

鉄砲の数が毎年変動しているのは、鉄砲の売買が行われたことを示す。

【コラム】農具としての鉄砲

鉄砲は戦乱の世では兵器であったが、江戸時代には専ら猪などの害獣駆除に用いられた。それを裏付ける証拠をいくつか挙げてみる。

まず給人と百姓の鉄砲所持数を比べてみる。須江村は一八世紀半ば給所が約一四五六石、蔵入地が六二四石であったが、鉄砲の所持数は給人が約三〇挺、百姓が約一〇挺である。耕地面積とほぼ比例している。

次に立地条件に注目して百姓の鉄砲数を桃生郡深谷諸役帳から拾ってみる。寛政九年（一七九七）に百姓身分の者が、北村二〇挺、前谷地村二〇挺、須江村九挺、小松村八挺の鉄砲を所持している。これらの村々は山がちの土地柄である。これに対して広い平野の中に立地する村々は、広渕村四挺、矢本村四挺、赤井村三挺、鹿又村〇挺である。山がちで猪の害が大きい村に鉄砲が多く、猪の害の少ない平野部の村に鉄砲が少ないことは歴然である。ちなみに鹿又村の給人瀬上玄蕃は初入地するやいなや菱喰、真雁、白雁の狩をしたが、およそ二五〇軒の百姓家に一挺の鉄砲もなかったのである。

百姓一揆で、銃口が人に向けられたのは、幕末の特殊な例だけである。一揆の開始を村人に知らせ、村人を鼓舞するために、鉦を鳴らし鬨《とき》の声を上げたりするとき、鉄砲も撃ちならしたが、決して武器としては使用しなかった。

寛延二年（一七四九）

伊達郡桑折代官所で百姓一揆

一　伊達《だて》郡桑折《こおり》は御代官領です。百姓四〇〇〇人ほどが桑折御代官の住宅へ押し寄せました。百姓どもは、今年は大不作なので御年貢を三分の一は納めたけれどもそれ以上は納められない、三分の二は免除してもらいたいといって、一二月一一日より御代官の屋敷を取り囲みました。

桑折の代官衆より、右の通りの事態なので仙台の御人数をお貸しくださいと、白石に言ってよこしました。白石では早駕籠をたてて、一三日昼八つ時過ぎ（午後二時過ぎ）仙台に知らせました。仙台から、左の通り派遣されました。

一　御目付衆　山下三郎兵衛　一　御武頭衆　太田市□□　名村仲兵衛

右三騎が、組の者ども、御小人、御足軽を召し連れ、一四日早朝出発しました。御兵具は、御鑓《やり》三〇、御鉄砲三〇、御弓三〇、玉薬矢ともに徒具足一二〇人。荷駄二疋。

右御兵具は山頂の国境に控えていて、御目付衆がまず桑折に入り、その様子次第で御武頭衆が進軍する手はずになっていました。白石より武頭、越河□□も兵具を持参した由。

右三騎を遣わしたけれども、そのあとどのような事態になるのか予想がつきませんでしたので、後詰を派遣するかどうか吟味しているうちに、一四日昼時、左の連絡が来ました。

一　桑折の儀、御代官衆御手代、堤五郎右衛門が事態収拾の責任者となり、百姓どもが引き退きました。右の通りです。御三人衆も一八、九日ころには帰陣しました。

これは天正以来の奥騒動でとても珍しいことです。このほか、以ての外の虚説がいろいろに話されました。（中略）百姓共は、桑折代官加美三郎右衛門へ、今年は大不作なので減免を訴えたのですが、認められなかった。そこで年貢を三分の一だけ上納したところ、年貢係りの役人が百姓の妻を水籠に入れて置いた結果、五、六人死んだということです。そこで百姓どもは鍬《くわ》一丁ずつ、筵《むしろ》一枚ずつ持って、代官三郎右衛門宅に押しかけたのだそうです。

寛延二年（一七四九）一二月一一日、現在の福島県伊達郡で起きた百姓一揆の記録。四〇〇〇人の一揆勢に取り囲まれた桑折の代官所から仙台藩に鎮圧部隊の派遣を要請してきた。派遣されたのは御目付衆一騎、御武頭衆二騎。一騎あたり鑓三〇、鉄砲三〇、弓三〇、それに玉薬矢と荷駄二疋を伴い、一二〇人編成であった。したがって三騎で三六〇人の鎮圧部隊を派遣したのである。くわえて白石（片倉家二万石）からも応援部隊が派遣された。鎮圧部隊は山頂の国境に待機して、御目付衆（の一部）が先遣隊として桑折に入り、事態が収拾したことを見届けた。その報告が国境に待機する鎮圧部隊に届き、福島側に進軍することなく撤退した。

この記録がどのような経過で作成されたのか不明であるが、地元仙台領内では広く流布したと考えられる。この記録から当時の人々（武士も百姓も含めて）の心情を考えてみよう。

・事態を収拾したのは代官の手代、堤五郎右衛門である。百姓らは代官、加美三郎右衛門に強い不信感を持っているが、代官手代は信頼しているようである。

・代官は不作に苦しむ百姓に理解を示さず、年貢未納者の妻を、陰暦一二月極寒の中、水籠に入れて死亡させるなど、極悪非道の人物として語られている。記録は全体として一揆勢に理解を示している。

・百姓は武器を持たず平和裏に行動している。鍬と鋌は百姓身分を示すシンボルとして携帯したのである。火付け強盗、打ち壊しなどはしていない。

このような「うわさ」が生まれる背景には、年貢に苦しむ百姓らへの同情と村を支配する代官への反感があったと考えられる。この年、福島の代官領だけでなく仙台藩、盛岡南部藩、秋田佐竹藩でも不作だった。「秋田領から毎日二〇人、三〇人と身売り（前借りの奉公稼ぎ）に来る」（『石巻の歴史』）、「盛岡藩領内凶作、沢内地方大飢饉、身売りに仙台領に行く者多し」（『岩手県郷土史年表』）という状況であった。喜太夫は私情を交えず淡々と記録しているが、百姓側に同情的であることは間違いない。

寛延四年（一七五一）

大雪にて鳥が殞る

一　寛延四年正月二九日大雪降る。当地は三尺五、六寸ほど（約一メートル）。三〇年ぶりの大雪。よって諸鳥が悉《ことごと》く殞《おち》た。広渕大堤に飛来した鳥が、今年は毎年の一〇分の一である。魚鳥が近い将来、絶滅するのではないかと、心もとない。

仙台藩北部では、四尺、約一・二メートルを越す大雪が降った（『栗駒町史』）。

宝暦元年（一七五一）

大屋形様御卒去

一　同年一二月二三日夜中より大屋形様の病気が重くなり、二四日亥ノ下刻（午後一一時頃）御卒去遊ばされました。

続燈院殿前羽林中郎将獅山元活大居士

喜太夫が敬愛した前藩主吉村の死去の記録であるが、私的なコメントは付されていない。

宝暦二年（一七五二）

松前の毒魚

一　松前産のニシンというものを食べた者が、南部領、出羽領、秋田領で数千人ほど血を吐き死亡したということで、（中略）大肝入より用心するようにと連絡がありました。以上

一〇月二〇日　　須江村肝入庄助

御家中衆

我思うに、松前より毒魚のニシンが日本に渡ったこと、これは松前の者どもが悪いわけではない。しかし今後商売物が売れなくなり、飢渇に苦しむことになるだろう。悲しむべきことだ。

南部、出羽、秋田においてニシンを食べて死者が出たことは、他の資料で裏付けがとれない。数千人という死者数はかなりオーバーと考えられる。

喜太夫の感想が注目される。

一　日本という観念を持っていること。

一　日本の中に松前（蝦夷地）が含まれていないこと。

一　風評被害を心配していること。

またこの記録から、「ニシンに注意せよ」との情報が、郡奉行、代官所、大肝入、肝入、村人（百姓と給人）のルートで伝達されたことが確認できる。

宝暦四年（一七五四）

鳴神という獣の降りたる咄

一　宝暦四年七月八日

大雷雨のとき名取郡四郎丸村の畑に鳴神という獣が降ってきました。形は猫の如くで、口角は細長く、手足ともに猿の手の如く、ゆびは長くて、水かきが有り、爪は鷹の如くにて、畑を駆けていくところを鍬にて打ち殺しました。そのほかに二疋いたのを手取りにしました。力が強くてやっとのことで捕まえました。これは鳴神の子ですと御役所に指し出しましたが、役人は御覧になった後、返してきました。

鳴神の子はカエル、ミミズを食べました。

この咄《はなし》は、「山内晩説咄承覚」の雷の類に載っています。

喜太夫は「山内晩説咄承覚」を読み、この記録を書いた。実際に「鳴神の子」を見たわけではない。

日付（宝暦四年七月八日）は、喜太夫が「山内晩説咄承覚」を読んだ日である。

名取郡四郎丸村は実在の村。

宝暦七年（一七五七）

喜太夫隠居

一　矢嶋喜太夫は今年七〇歳になりますので、隠居を仰せ付けられ、跡式御知行高一貫八八文、御切米五両、御扶持方四人分のところ、嫡子同氏幸之丞、当年四二歳に譲りたいと思います。幸之丞は享保九年九月一五日に家督並み御目見得をしております。

喜太夫は享保五年五月より御鳥見横目を仰せ付けられ、延享元年八月まで右御役をつとめましたが、耳が遠くなり延享二年七月に名代願を提出し、同年九月より幸之丞が名代としてつとめました。同年一一月に幸之丞が御鳥見横目を命じられ、当年まで一二年間つとめています。

御憐愍を以て、願の通り仰せ付けられたく、親類連判を以て、お願い申し上げます。以上

宝暦七年三月一三日

矢嶋喜太夫

太田権兵衛

主膳殿

右の通り、五月二一日、遠藤内匠殿宅で只木土佐殿連座にて仰せ渡され、飛脚にてその知らせが届き、安堵しました。

喜太夫は七〇歳で完全に隠居し、跡式（家督と財産）をすべて嫡子幸之丞に譲った。親類として名を連ねた太田権兵衛は、喜太夫の異母兄の子どもで、仙台の太田権助の養子になった者である。隠居願は喜太夫が作成し、それを仙台の太田権兵衛に送り、権兵衛から主膳（大目付）に提出した。三月一三日に提出し、およそ二ヶ月後に承認されたのだが、隠居を仰せ付けられる席に、喜太夫に代わって太田権兵衛が出席したようだ。

矢嶋家系図（肩書：喜太夫との関係）

曾祖父
権兵衛
加賀国より移住、五両四人扶持で召し抱えられる
須江村の開発許可を得る（一六五二年）
須江村に知行五七三文（一六六一年）
隠居（一六六八年）

祖父（権兵衛の甥）
弥五兵衛
養子縁組（一六六〇年）
相続（一六六八年）
病死（一六八三年）

父
正吉
養子縁組（菅井家より娘婿に入る）
相続（一六八三年）
除屋敷検地高五一五文（一六八六年）
（知行合計一貫八八文）

兄
庄太夫
家督を弟・喜太夫に譲る（一七〇九年）
死亡（一七二七年）

喜太夫
兄・庄太夫の養子家督になる（一七〇九年）
御鳥見拝命（一七二〇年）
隠居願（一七五七年）

嫡男
幸之丞
父の名代奉公（一七四五年）
相続（一七五七年）

矢嶋家文書

矢嶋家には一六〇〇年代半ば以降の文書が多数残されている。その中から矢嶋家の由緒を裏付ける文書を紹介する。

新田開発許可　慶安五年（一六五二）二月二九日

曾祖父が須江村の開発（開墾）に従事したことを裏付ける資料である。開発許可書では「野谷地にて田五町分」とあるが、須江村河原山は丘陵地で新田の適地ではない。御代官衆も「上納山林（藩有林）」に支障がないことを確かめただけで、新田開発が可能か否かについて十分な現地確認をしていないと思われる。現地の状況と次の知行目録から、矢嶋権兵衛は原野を切り開き、屋敷地と畑およそ二町歩（六〇〇〇坪）を開いたと考えられる。

深谷須江村之内、河原山野谷地ニ而
田五町分、矢嶋権兵衛新田ニ申請度
由被申上候、御代官衆御村之様子被
承候へハ、上納山林障ニ不罷成候由、
肝煎書物相出申候間、右之所為起被

（大意）
矢嶋権兵衛が、深谷須江村河原山の野谷地にて田五町分の新田開発をしたいと申請してきました。そこで、御代官衆が村肝煎に村の様子を問い合わせたところ、藩有林に支障はないと書類で回答してきましたので、右のと

申御書付可被相出候、但、御代官衆
書付ハ拙者手前ニ留置、如此御座候、
以上

慶安五年二月二十二日　　冨田四郎兵衛

内記殿
因幡殿
刑部殿

右書付之通、深谷須江村之内河原山
野谷地にて田五町分、矢嶋権兵衛ニ
被下候間、当年より四年荒野ニ打流
□□□なし梶《カ》河甚兵衛手前へ留帳ニ
付置可被申候、□別□御蔵入、其外
□□百性に二堅為起被申間敷候、以
上

同年二月二十九日　刑部
因幡
内記

ころを開発させる許可を出してもよいと思います。ただし、御代官に提出された書類は、私の手元に留め置きます。以上

慶安五年二月二二日　　冨田四郎兵衛

内記殿
因幡殿
刑部殿

右書付の通り深谷須江村河原山の野谷地にて田五町分を、矢嶋権兵衛に新田開発用地として与え、当年より四年間は荒野とする（課税しない）。

（中略）

開発を許可したところ以外は御蔵入地である。許可なく百姓に開発させてはならない。以上

同年二月二九日　刑部
因幡
内記

冨田四郎兵衛殿

冨田四郎兵衛殿

知行目録　寛文元年（一六六一）一一月一六日

曾祖父矢嶋権兵衛の知行目録である。「知行は百姓屋敷として」水帳（検地帳）に登録されたとあるので、この時点では（もしかすると幕末まで）屋敷（実際には屋敷地と畑）に年貢が課税された可能性がある。

知行目録
桃生郡深谷須江村之内
一　五百七拾三文
右之通、割渡候、百姓屋敷高名付
委細水帳有之者也、仍如件
寛文元年十一月十六日
□□□蔵人
木村久馬
和田織部
鴇田治右衛門

（大意）
知行目録
矢嶋権兵衛に、桃生郡深谷須江村の内に五七三文の知行を与える。
知行は百姓屋敷としてその石高と所有者名を水帳（検地帳）に詳しく記録する。
寛文元年一一月一六日
□□□蔵人
木村久馬
和田織部

奥山大学

矢嶋権兵衛殿

鴫田治右衛門

奥山大学

矢嶋権兵衛殿

矢嶋弥五兵衛先祖書　延宝五年（一六七七）正月二四日

祖父弥五兵衛が書き上げた先祖書である。どのような目的で作成したのか、不明である。

覚

拙者親矢嶋権兵衛儀、生国は加州松平加賀守家中ニ而、幼少ゟ知行三拾貫文致拝領、小性与之奉公仕、其末江戸番等相勤候処、右之知行所以之外悪地御座候ニ付、江戸番等勤兼申候間、知行所半分も御割替被下置候様ニと頼度訴訟仕候得者、諸侍之例ニも罷成候条、不被為成候由被仰付候、左様ニ御座候ハ、御奉公勤兼申

（大意）

私の親、矢嶋権兵衛は加賀国の生まれです。松平加賀守の家中で三〇貫文（三〇〇石）を拝領し、小姓組でした。その後、江戸番をつとめましたが、知行がとても悪い土地でしたので（三〇貫文に見合うだけの収入がなく経済的に困窮し）、江戸番をつとめることができず、知行高が半分でもいいので（もっとましな）知行に替えてほしいと訴え出ましたが、諸侍（御家中）の悪い先例になるという理由で、認めてもらえませんでした。そういうことであるならばこれ以上御奉公ができませんので、

上候而、御暇申請度由申上、其上御當地へ罷下候、先、軽部次郎兵衛甥御座候間、右次郎兵衛所ニ六七年罷有候、其内、次郎兵衛・古内伊賀を以、儀山様へ右之品々御披露仕、尤加賀ニ而拝領仕候御墨印奉入御披見候得者、加賀ニ而持領仕候程可被下置候得共、早速左様ニハ不被為成候間、先以、為御合力御切米五両、四人御扶持方被下置候、其以後、加州ニ而拝領仕候御墨印、先年仙台大火事之時節、大町四丁目借家罷有候故、焼失仕候、其後慶安五年ニ深谷之内須江村ニ野谷地五町、山口内記を以拝領致候、其刻、牡鹿之内、山口内記御新田拝領被致候付、用水堀淵ニ罷成候故、右五町之内高五百七拾三文起目分拝領致候、拙者儀生国

御暇《おいとま》（退職）を願い出ました。

そして当地（仙台）に引っ越し、軽部次郎兵衛が私の甥にあたりますので、右次郎兵衛の所に六、七年厄介になりました。そうしているうちに、次郎兵衛と古内伊賀の紹介で、義山（伊達忠宗）様に加賀藩での履歴などを提出し、仙台藩に召し抱えていただきました。しかし、加賀にて拝領した御墨印（知行状等）を提出したところ、加賀と同様の知行を与えたいところであるが、すぐにそのようにはできない、まずは生活費として御切米五両と四人扶持を与える、ということでした。その後、加賀で拝領した御墨印は、先年仙台大火事のとき大町四丁目の借家に住んでいましたので、焼失してしまいました。

その後慶安五年（一六五二）に深谷須江村に野谷地五町を、山口内記を以って拝領しました。そのとき、山口内記から、牡鹿郡で新田開発をするので須江村から用水を牡鹿郡に引かせてほしいといってきました。そこで用水堀をつくることになりましたが、その堀淵に私の知行がありましたので、右五町の内として（堀淵の代替地と

ハ加州、右権兵衛甥ニ御座候処ニ、実子持不申候、綱宗様御代ニ古内志摩を以、拙者を養子仕度段申上候得者、願之通、万治三年二月十八日ニ被成下、御当代相勤申候、御当代罷成、古内志摩、古内造酒助を以、権兵衛隠居之願指上申候得者、願之通被仰付、跡式無御相違、寛文八年十月二十五日ニ原田甲斐を以、拙者被下置候、当時知行五百七拾三文ト御切米五両、四人御扶持方ニ御座候、以上

矢嶋弥五兵衛

延宝五年正月二十四日

五崎五郎左衛門殿

□□平兵衛殿

木幡作右衛門殿

して）高五七三文の起目分を拝領しました。

私は加賀国生まれで、右権兵衛の甥にあたります。権兵衛に実子がありませんでしたので、綱宗様の御代に古内志摩を以て、私の養子願を提出し、万治三年（一六六〇）二月一八日に養子に認められ、現在勤務しています。

御当代（伊達綱村）になり、古内志摩、古内造酒助を以って権兵衛の隠居願を提出し、跡式（相続財産）を寛文八年（一六六八）一〇月二五日に私が引き継ぎました。現在、知行五七三文、御切米五両、四人扶持でございます。以上

矢嶋弥五兵衛

延宝五年正月二四日

五崎五郎左衛門殿

□□平兵衛殿

木幡作右衛門殿

矢嶋正吉相続　天和三年（一六八三）四月七日

父正吉が跡式を相続したときの文書。

矢嶋弥五兵衛当正月二日病死、跡式知行高五百七拾三文幷御切米五両、御扶持方四人分無御相違、聟養子同氏正吉ニ被下置候間、御本帳直、地形・御切米・御扶持方引続相渡候様ニ可被申渡候、但、親類衆願覚書指出候趣、同役中吟味之上、於江戸伊賀遂披露候処ニ、如願被成下旨　御意之段申来ニ付、如斯候、以上

天和三亥　　壱岐
三月二十三日　　内匠
　　中務
松《カ》林仲左右衛門殿
大町清九郎殿

（大意）

矢嶋弥五兵衛が今年正月二日に病死し、跡式（家督と財産）知行高五七三文、御切米五両、御扶持方四人分が、間違いなく聟《むこ》養子の同氏（姓）正吉に与えられたので、本帳を直し、地形・御切米・御扶持方を引き続き矢嶋正吉に渡すようにしなさい。

なお、親類衆願覚書が提出され、それを同役中で吟味した上で、江戸で伊賀が藩主に報告して、藩主から願の通りでよいとの決済を得た。以上

天和三年　　壱岐
三月二三日　　内匠
　　中務
松《カ》林仲左右衛門殿
大町清九郎殿

川村孫兵衛殿

右之通、矢嶋弥五兵衛当正月二日病死、跡式知行高五百七拾三文幷御切米五両、御扶持方四人分無御相違、御本聟養子同氏正吉ニ被下置候間、御本帳相直、地形・御切米・御扶持方引続相渡候様、首尾可被申候、以上

同年同二十五日　孫兵衛

清九郎

仲左右衛門

御割奉行衆

御扶持方奉行衆

右之通御書付請取置書替、如斯候、以上

天和三年三月二十六日

村上安太夫

川村孫兵衛殿

右の通り、矢嶋弥五兵衛が今年正月二日に病死し、跡式（家督と財産）知行高五七三文ならびに御切米五両、御扶持方四人分を、間違いなく聟養子矢嶋正吉に与えられましたので、その通りに御本帳を直して、地形・御切米・御扶持方を矢嶋正吉に引き続きお渡しください。以上

同年同二五日　孫兵衛

清九郎

仲左右衛門

御割奉行衆

御扶持方奉行衆

右の通り書付を受け取り、本帳を書き換えました。以上

天和三年三月二六日

村上安太夫

足立半左右衛門
猪狩兵左右衛門殿
澤口覚左右衛門殿

右之通書付受取置書替如斯候、以上
同年四月七日
澤口覚左右衛門
猪狩兵左右衛門
渡邊文左右衛門

矢嶋正吉殿

矢嶋正吉知行目録　貞享三年（一六八六）九月一五日

桃生郡深谷須江村之内居屋敷竿入代
五百拾五文、前々之知行合壱貫八拾
八文（目録在別紙）全可領知者也、
仍如件
貞享三年九月十五日印

足立半左右衛門
猪狩兵左右衛門殿
澤口覚左右衛門殿

右の通り書付を受け取り、本帳を書き換えました。
同年四月七日
澤口覚左右衛門
猪狩兵左右衛門
渡邊文左右衛門

矢嶋正吉殿

（大意）
桃生郡深谷須江村内の居屋敷を検地しました。
その石高は代五一五文でした。前々の知行と合わせて
壱貫八八文（目録は別紙）を与えます。
貞享三年九月一五日印

矢嶋荘吉とのへ

矢嶋荘吉殿

注記：正吉、庄吉、荘吉は、いずれも同一人物。

矢嶋庄吉除屋敷割渡　貞享三年（一六八六）一〇月五日

ここでは右「除屋（敷）」とある。年貢を課税されない屋敷と解釈するのが一般的であるが、拝領屋敷という意味かもしれない。

文書では矢嶋庄吉が願い出て検地したことになっているが、実態としては「御定めの御役金」を召し上げたい藩が主導して検地を実施したのであろう。

矢嶋庄吉除屋敷壱軒
御竿入代高
一　五百拾五文　桃生郡深谷須江村
但御検地被相入、其身知行高
被成下度由、依願出入司衆書
付を以、貞享弐年御竿入
右除屋敷へ御竿入、代五百拾五文知

（大意）
矢嶋庄吉除屋敷壱軒
御竿入代高
一　五一五文　桃生郡深谷須江村
但、出入司衆に、御検地を実施しその高を知行としてお与えくださいますよう願書を提出して、貞享二年（一六八五）検地を実施。

行高被成下候間、御竿入御年ゟ地形相渡、壱貫文以上御朱印下書調之候様可被申渡事、右之通御割奉行衆高書出、各被申聞趣、於江戸内蔵方遂披露候処、知行高被成下旨　御意之段申来候付、如斯御知行御役金如御定之召上候様可被申渡候、以上

貞享三年九月十五日　壱岐

豊前

内匠

松林仲左衛門殿

大町清九郎殿

但木惣左衛門殿

上野権太夫殿

右之通首尾可被申候、清九郎依在江戸不能加判候、以上

同年同二十二日　権太夫

右除屋敷を検地した結果、その代高を五一五文と認め、知行として与える。検地の年より地形を引き渡す。

一貫文以上の知行については朱印状（知行宛行状）を発行するので、その下書を準備しなさい。

右の通り御割奉行衆が石高を書き出し、各々の知行高を江戸に報告しました。江戸では内蔵《くら》方が藩主に報告し、藩主の同意を得ましたので、御知行御役金を御定の通り拠出するように申し渡しなさい。以上

貞享三年九月一五日

壱岐

豊前

内匠

松林仲左衛門殿

大町清九郎殿

但木惣左衛門殿

上野権太夫殿

右の通り処理しました。大町清九郎は江戸にいますので加判できません。以上

惣左衛門
仲左衛門
御割奉行衆

右之通五十八人書込之御書付壱通請取直書抜書替、如斯候、以上

貞享三年十月五日
村上安太夫
足立半左衛門

矢嶋庄吉殿

同年同二二日　権太夫
惣左衛門
仲左衛門
御割奉行衆

右の通り五八人の石高が書き込んである書付を一通受け取り、本帳を直し、各人分を抜き書きしました。

貞享三年一〇月五日
村上安太夫
足立半左衛門

矢嶋庄吉殿

矢嶋庄太夫が喜太夫に家督を譲る　宝永六年（一七〇九）一一月

庄太夫は喜太夫の異母兄である。庄太夫が弟に家督を譲ったあと、どこでどのように暮らしたのか不明であるが、喜太夫が管理する人別帳には入っていない。なお、庄太夫の墓が矢嶋家屋敷内墓地に現存する。

扣

矢嶋庄太夫儀弐拾四歳罷成候処、生付無四度計言舌不叶にて、御奉公仕兼申躰ニ御座候、無妻ニ而罷有候故、子共も無御座候条、実弟喜太夫弐拾弐歳罷成候を養子家督被成下、名代御奉公被仰付、庄太夫進退高御知行壱貫八拾八文、御切米五両、御扶持方四人分、末々右喜太夫ニ被下置度奉存候、庄太夫御番所中之間ニ御座候、以御憐愍願之通被成下度奉存候、仍親類連判を以、如此奉願候、以上

宝永六年十一月　矢嶋庄太夫

大宮傳左衛門

有住市兵衛

菅井五郎平

石森加兵衛

三郎兵衛殿

（大意）控

矢嶋庄太夫（正吉嫡男）は二四歳になりますが、生まれつき分別がしっかりせず言葉も不明瞭ですので、御奉公ができかねます。妻がなく子どももいません。つきましては、庄太夫の実弟喜太夫二二歳を庄太夫の養子家督にして、庄太夫の名代として御奉公させたいと思います。庄太夫の身代（財産）知行高一貫八八文、御切米五両、御扶持方四人分は、将来喜太夫にお与えくださいますようお願いします。

庄太夫の御役は御番所中之間です。

御憐愍をもって願の通り成しくだされますようお願いします。親類連判を以てお願い申し上げます。以上

宝永六年一一月

矢嶋庄太夫

大宮傳左衛門

有住市兵衛

菅井五郎平

石森加兵衛

三郎兵衛殿

矢嶋喜太夫知行目録　延享元年（一七四四）六月

知行目録は藩主が代替わりするたびに発給される。これは吉村隠居後、新藩主宗村から発給された知行目録である。

桃生郡深谷須江村之内、壱貫八拾八文（目録在別紙）全可収納者也

延享元年六月　日　印

矢嶋喜太夫殿

（大意）

桃生郡深谷須江村の内に、一貫八八文（目録在別紙）の知行を与える。

延享元年六月　日　印

矢嶋喜太夫殿

あとがき

筆者ふたりの生まれ故郷は桃生郡深谷の旧前谷地村です。須江村のすぐ隣村です。「前谷地村の江戸時代」を百姓の視点から通史的に叙述したいと思い資料を探している中で、『二樅亭見聞録』に出会いました。

『見聞録』は一八世紀の記録です。この年代の前谷地村関係資料がほとんどありませんでしたから、ふたりで夢中になって解読作業を進めました。藩主の狩の様子、藩有林の管理実態、百姓と給人の関係など郷土史上新たな発見がたくさんあったと自負しています。同時に疑問もたくさん生まれました。疑問の多くは未解決のままですが、古希を迎えるのを潮時に一冊にまとめてみました。

矢嶋喜太夫は『見聞録』の中で自分の考えや感想をまったくといっていいほど述べていません。藩主吉村から声を掛けてもらったとき、「有り難き仕合わせ、冥加至極」と記録したのが唯一の例外です。江戸時代の人、とりわけ武士は口を慎むことを重んじました。自分の意見や感情を軽々しく口に出すのはタブーでした。古格古例を大事にする武家社会は、各人が思考停止する社会でもありました。それ故に、地域社会のリーダーでありながら地域の課題を解決する道筋を見つけられなかったといえましょう。

矢嶋道智様には『二樅亭見聞録』をはじめたくさんの資料をご提供いただき、さらに御屋敷内をくまなく案内していただきました。厚く感謝申し上げます。

築地書館の土井二郎様と黒田智美様には大変お世話になりました。最初の読者であるおふたりから「おもしろいですね」と励ましていただき、何とかまとめることができました。心より感謝申し上げます。

本書を、今は亡き、父支倉常長と兄支倉繁に慎んで捧げます。

参考文献

地方史

仙台郷土研究会『仙台藩歴史用語辞典：特集』仙台郷土研究会、二〇一〇年
宮城縣史編纂委員会編『宮城縣史2』宮城縣史刊行會、一九六六年
仙台市史編さん委員会編集『仙台市史　近世2』仙台市、二〇〇三年
石巻市史編さん委員会編『石巻市史 第2巻』石巻市、二〇〇八年
矢本町史編纂委員会編『矢本町史 第2巻』矢本町、一九七四年
河南町史編纂委員会編『河南町史 上』宮城県河南町、一九七一年
河南町史編纂委員会編『河南町史 下』宮城県河南町、一九七一年
桃生郡教育会編『桃生郡誌』桃生郡、一九二三年
『寛政九年 桃生郡深谷諸役牒』（齋藤報恩会蔵）
『定川出来川沿岸土地改良史』一九七七年
河南町文化財保護委員会編『わがまち河南の文化財』河南町文化財保護委員会、一九八六年

渡辺信夫・今泉隆雄・大石直正・難波信雄『宮城県の歴史 県史シリーズ4』山川出版社、一九九九年
佐藤勝義、豊里町郷土史研究会監修『北上川流域の学べる年表』仙台共同印刷、二〇一五年

その他

遠藤ゆり子『戦国時代の南奥羽社会：大崎・伊達・最上氏』吉川弘文館、二〇一六年
菊池勇夫「飢餓と災害」『岩波講座 日本歴史 第12巻』岩波書店、二〇一四年
斎藤月岑著・金子光晴校訂『増訂武江年表2』平凡社、一九六八年
末木文美士『日本宗教史』岩波書店、二〇〇六年
須田努『幕末の世直し 万人の戦争状態』吉川弘文館、二〇一〇年
高橋淳編『御普請方留』橋浦隆一、二〇〇二年六月二〇日
高良倉吉『琉球王国』岩波書店、一九九三年
田中圭一『百姓の江戸時代』筑摩書房、二〇〇〇年
塚本学『生類をめぐる政治：元禄のフォークロア』平凡社、一九九三年
深谷克己『江戸時代の身分願望：身上りと上下無し』吉川弘文館、二〇〇六年
保坂智『百姓一揆とその作法』吉川弘文館、二〇〇二年
水本邦彦『村：百姓たちの近世』岩波書店、二〇一五年
若尾政希『百姓一揆』岩波書店、二〇一八年
渡辺尚志『百姓たちの江戸時代』筑摩書房、二〇〇九年
渡辺尚志『百姓たちの幕末維新』草思社、二〇一二年
渡辺尚志『武士に「もの言う」百姓たち：裁判でよむ江戸時代』草思社、二〇一二年

著者紹介

支倉清（はせくら・きよし）

宮城県石巻市（旧河南町前谷地）の支倉家に生まれる。元東京都公立小学校長。

宮城県前谷地の支倉家と、伊達政宗が派遣した慶長遣欧使節の大使・支倉常長とどのようにつながるのか、長年研究を続けている。支倉紀代美との共著書に『代官の判決をひっくり返した百姓たち――仙台藩入会地紛争』（築地書館）がある。

支倉紀代美（はせくら・きよみ）

宮城県東松島市に生まれ、石巻市前谷地で小学校・中学校・高等学校時代を過ごす。

元神奈川県公立小学校教諭。

幼少期より、実父・本田雅童より習字の手習いを受ける。その後、日本書学館の初山祥雲に師事し、本格的に「書」を学ぶ。本書の元になった『二樅亭見聞録』も、「書」の知識を活かして、解読文を作成し、読解に取り組む。

下級武士の田舎暮らし日記

奉公・金策・獣害対策

2019年12月13日　初版発行

著者　支倉清＋支倉紀代美
発行者　土井二郎
発行所　築地書館株式会社
東京都中央区築地7-4-4-201　〒104-0045
TEL 03-3542-3731　FAX 03-3541-5799
http://www.tsukiji-shokan.co.jp/
振替 00110-5-19057
印刷・製本　中央精版印刷株式会社
装丁　秋山香代子

ISBN978-4-8067-1592-4

くわしい内容はホームページで。URL=http://www.tsukiji-shokan.co.jp/

●築地書館の本

代官の判決をひっくり返した百姓たち

仙台藩入会地紛争

支倉清＋支倉紀代美［著］一八〇〇円＋税

電気はもちろん、石油もガスも石炭もない時代、人口急増と社会構造の変化を背景に起きた、大開発時代にともなう燃料不足・薪不足問題を古文書から読み解く。

樹に聴く

香る落葉・操る菌類・変幻自在な樹形

清和研二［著］二四〇〇円＋税

芽生えや種子散布に見る多様な樹種の共存、種ごとに異なる生育環境や菌類との協力、人の暮らしとの関わりまで、一二種の樹木の生き方を、たくさんの緻密なイラストとともに紹介する。身近な樹木の知られざる生活史。

日本人はどのように自然と関わってきたのか

日本列島誕生から現代まで

C・タットマン［著］黒沢令子［訳］三六〇〇円＋税

日本人は、生物学、気候、地理、地質学などのさまざまな要因の中で、どのように自然を利用してきたのか。数万年に及ぶその変遷を日本環境史の権威が描く。

気仙大工が教える木を楽しむ家づくり

横須賀和江［著］一八〇〇円＋税

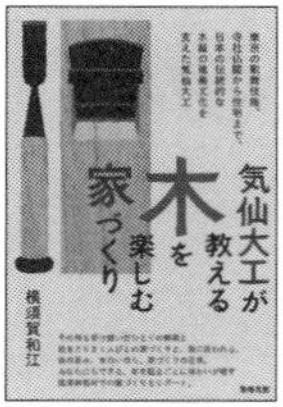

東京の歌舞伎座、寺社仏閣から住宅まで、日本の伝統的な木組の建築文化を支えた気仙大工。その技を受け継いだ一人の棟梁と彼をとりまく人々の家づくりと、家に表われる、森の恵み、木のいのち、家づくりの思想を語る。

◎総合図書目録進呈。ご請求は左記宛先まで。

〒一〇四―〇〇四五　東京都中央区築地七―四―四―二〇一　築地書館営業部